ちくま新書

対人距離がわからない

——どうしてあの人はうまくいくのか？

岡田尊司
Okada Takashi

対人距離がわからない——どうしてあの人はうまくいくのか？

【目次】

図版作成＝朝日メディアインターナショナル株式会社

はじめに　人生の幸不幸は人間関係にあり

あなたは、人生に何を求めるだろうか。仕事で成功し、経済的にも豊かになることだろうか。それとも、家族や仲間に愛され、幸福に過ごすことだろうか。社会のために役立ちたいという人や学芸の道を究めたいという人もいるだろう。何を求めるにしろ、避けて通れず、しかも人生がうまくいくかどうかを大きく左右するのが、対人関係である。仕事や学業にしても、それ事態でつまずくことよりも、対人関係で行き詰まることの方が圧倒的に多い。

仕事や学業そのものに困難があっても、周囲との関係さえよければ、なんとかなるものであるし、試行錯誤したり努力を重ねることで、大抵は乗り越えていける。ところが、対人関係となると、そうはいかない。それというのも、対人関係は、自分だけでどうにかなる問題ではなく、相手が絡んでくるからだ。

しかも、昨今は価値観や行動スタイルも多様化し、人々が一つの常識を共有しにくくなっている。自分が当然と思っていることが通用しない事態もしばしば起き、摩擦や葛藤を引き起こすことも少なくない。自分の常識や行動規範を知っているだけでは、うまくやっていけないのである。自分以外の人が、どういう基準で、どういう行動をしてくるかを知っていないと、善意や誠意だけでは通用しない。

一つ言えることは、われわれが学校や家庭で教えられてきたことや、正しいと信じている基準や常識と、実際に現実を動かしている原理とにはズレがあるということだ。その違いを知らないと、いくら努力しても徒労に終わることになりかねない。

周囲を見渡せばわかるように、必ずしももっとも優秀な人や人間として立派な人が、一番成功しているわけでも、一番幸せなわけでもない。優秀だと言われていた人や立派な人が、失脚したり、自殺してしまうことも起きる。世の中とは理不尽なものだ。

しかし、この世とはそういうものである以上、理想論を振りかざしても始まらない。そこで生き残っていく術や策を考えるしかない。では、どうすれば、この現実の世の中で、幸福な対人関係を築いていけるのか。幸運な成功を呼び寄せることができるのか。

その問いに答えるため、人間の振る舞い方やかかわりの持ち方を理解し、予測する上で、今日もっとも有用性の高い三つの理論、すなわち、パーソナリティ、愛着、発達の三つの理論を駆使するとともに、長年蓄積してきた臨床データも紹介しながら、まずは対人関係の特性がどのように決まるのかについて理解を深めていきたい。

それを踏まえて、後段では、そこにひそんでいる危険や災いを避けつつ、メリットや恩恵を享受し、成功や幸福につながる安定した対人関係を築いて行くうえで、何が肝心なのかについて考えていきたい。

本書で特にテーマとして重視したのは、親密さと対人距離についてである。なぜ、そこに特にフォーカスを当てたかと言えば、人間関係の質を決め、動かしていくもっとも重要なファクターが、親密さと対人距離のダイナミズムであり、それを操るスキルにこそ、うまく社会適応し、成功と幸福を手に入れる鍵があるとも言えるからである。

では、自己を再発見し、新たな生き方に目覚めるための学びの旅に出発しよう。

第一章

対人距離とパーソナリティ

†人にはそれぞれほどよい対人距離がある

対人関係は難しい。学校や職場に行きたくなくなるのも、人生でつまずくのも、その原因は、十中八九対人関係である。どんなに能力があって、どんなに努力していても、対人関係がうまくいかないと、日々の暮らしはつらいものになるし、ましてや毎日顔を合わせるパートナーや同僚との関係がとげとげしいものになってしまうと、生きていくのもつらくなる。

対人関係にはさまざまな要素があるのは言うまでもないが、そこで重要になるのは、ほどよさというものである。ほどよさは、相手によってそれぞれ基準が違ってる。そこが難しいところだ。自分にとってほどよいだけでは、うまくいかないのである。相手と自分との間のほどよい関係というものを、探っていかなければならない。

その場合に、ほどよい関係の鍵にもなり、良い指標ともなるのが、対人距離である。対人距離とは、物理的な距離であるとともに心理的な距離でもある。その人その人で、ほどよいと感じる対人距離は異なり、相手と良い関係を保つためには、相手が好む対人距離をある程度尊重することが求められる。そこには、相手が絡んでくるのだ。

したがって、自分が好む対人距離と、相手が快適に感じる対人距離の両方を頭において、動いていく必要がある。親しくなりたいと思って同じアプローチをしても、相手が好感をもつ場合もあれば、強い拒否に遭う場合もある。対人距離の取り方を間違えると、永久に嫌われるということも起きる。

†ほどよい対人距離がとれない人

その場にふさわしい、あるいは、相手にとって心地よい対人距離を適切にとることができることは、重要な社会的スキルだと言えるだろう。ほどよい対人距離がとれないことは、非常識な振る舞いや周囲から浮いてしまうことにもつながり、また親密な関係を築いていくことの阻害要因にもなってしまう。

対人距離がうまくとれないという場合には、その点を自覚して、陥りやすい落とし穴や失敗を避けることが求められるだろう。

ご自身にそうした問題がなくても、周囲には必ずそうした課題を抱えた人がいるものである。巻き込まれて、思いがけない〝事故〟に遭わないためにも、相手の特性や、それに伴うリスクを知り、上手な対処ができる術を心得ておくことは、プライベートでもビジネスでも、大いに役立つだろう。

†能力以上の成功を収める人がもつ、親密さを操る能力

ほどよい距離を保つことは、リスクを避ける安全な生き方だと言えるが、それだけでは、成功や幸福が手に入らないということも多い。有力なコネクションを開拓するにも、意中の人と親密になり、パートナーにするにも、安全な距離をとっているだけでは何も始まらない。

その人自身は、それほど能力や長所に恵まれているというわけでもないのに、大いに活躍していたり、面白おかしく、何不自由のない暮らしをしているかと思えば、優れた能力や美質を備え、よく努力しているのに、成功から見放されていたり、他人の尻ぬぐいや損な役回りばかりして、ちっとも幸福でない人もいる。

どういう特性が、そうした差を生んでしまうのだろうか。

次のグラフは、筆者が長年集積してきたデータをまとめたものの一つである。本書では、そうしたデータも紹介しながら、理解を深める上での参考にしていただければと思っている。

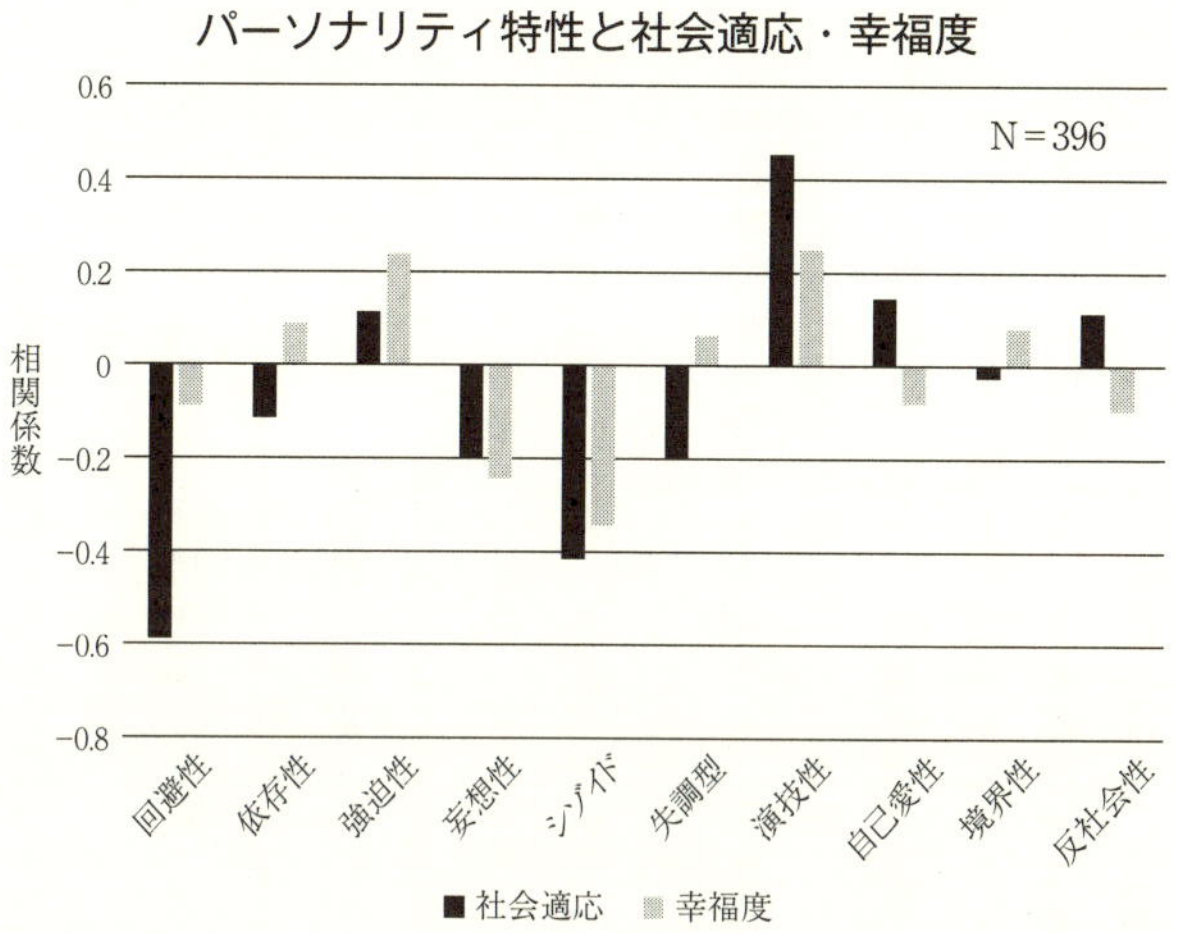

グラフは、十タイプのパーソナリティ（二二ページ以下参照）の傾向と社会適応、幸福度（いずれも自己評価）との相関の強さを示したものである（縦軸は相関係数）。

なお、調査結果のグラフには、原則として、得られたサンプル数を小文字のnで示したが、項目によりサンプル数にばらつきがある場合は、煩雑になるため、調査対象者数を大文字のNで表示した（以下、同じ）。

社会適応にもっともマイナスの相関が強いのは、回避性パーソナリティの傾向であり、それにシゾイドパーソナリティが続く。回避性は、傷つくことを避けるために、親密な関係も避けてしまうタイプである。シゾイドは、孤独を好むタイプである。どちらも社会的適応にマイナスであるのは、当然予想されることだと言える。

一方、社会適応にプラスの相関がもっとも強かったのが、演技性パーソナリティである。演技性とは、周りから注目や関心を惹こうとする傾向で、演技性パーソナリティの人は、芝居がかったパフォーマンスや嘘が上手な傾向が見られる。

次いで自信過剰で自己顕示欲求や自己中心性の強い傾向である自己愛性、きまじめで責任感の強い強迫性、倫理観が乏しく、冷酷に他人を利用する反社会性などの各パーソナリティで、プラスの相関が認められている。

親や教師が、子どもに一生懸命身につけさせようと指導するのは、真面目な努力や責任感が大切だということではないだろうか。だが、現実には、社会でうまくやれるためには、真面目な努力や責任感も大切だが、それ以上に、芝居がかった演技をしたり、巧みな嘘をついたりする傾向の方がものを言うだけでなく、自分勝手に他人のことを利用することしか考えていない人の方が、世の中でうまくやっていたりするわけである。

どれくらい幸福と感じているかという幸福度との関係でも、人間嫌いなシゾイドの傾向は、マイナスの相関がもっとも強い一方で、プラスの相関がもっとも強いのが、強迫性と並んで演技性であった。生真面目に、道徳的に生きることは長生きともっとも関係が深いパーソナリティの特性だとする研究[1]もあるが、強迫性は、幸福にも寄与するようだ。だが、それと同じくらい、周囲の関心を引き寄せて、人気者でいる生き方は、幸福を手に入れやすいということになろう。生真面目な生き方と、人気取りの生き方は、対照的な二つの人生戦略だとも言えるが、どちらも幸福になるために有効な戦略なのである。

　これまで多くの幸福論は、欲望や刺激に身をやつすのではなく、心の平安や穏やかな秩序にこそ、幸福があると説く傾向にあったが、実は、哲学者や宗教家たちが、夢にも思わなかった、幸福やその源泉である愛情を手に入れる方法が、現実には使われているのだ。その一つが、周囲の関心や注目を自分に惹《ひ》きつけるという演技性戦略なのである。実はもっと重要で、一段とパワフルな方法があるのだが、それについては、後の章で述べていくことにしよう。

　実力と努力を兼ね備え、しかも良識的な人たちには、強迫性パーソナリティに代表されるような、真面目で、責任感に満ちた生き方を追求し、それで成功や幸福を手に入れようするのが、手堅い方法だと言えるだろう。

　しかし、この世は、もう少し複雑で、真面目や責任感という正攻法の生き方だけが成功や幸福に至る道ではない。能力も努力も不足していても、自分よりも能力や財力をもっている人に近づいていって、搦《から》め手から攻め落とし、欲しいものを手に入れるという道もあるのだ。実力や努力以上の成功を収め、楽をして幸福な人生を手に入れている人たちは、大抵そうした方法をうまく活用しているのだ。

†対人距離を縮め、相手を味方につける技術

もっとも社会的に苦戦しやすい回避性やシゾイドの人に欠けていて、もっとも良い適応を示す演技性の人たちにたっぷり備わっているものは何かと言えば、相手の関心を惹き、対人距離を縮め、親密な関係を作っていく能力である。するりと相手の懐に入り込み、心を乗っ取ってしまう技術である。

人一人の能力など、たかがしれている。自分の能力と努力だけを頼みとして、生き抜いていこうとすることも、悪くはないだろうが、あまり賢明な策とは言えないかもしれない。それよりは、優れた人を大勢味方にし、助けてもらった方が、はるかに効率よく目的を達成できる。

対人距離を縮め、親密な関係を築くことに長けている人たちが、無意識に行っていることを学び、演技性のスキルの秘密を知ることは、今日の社会では、とりわけ求められるだ

ろうし、もう少し器用に生きていくうえで欠かせない要素となるだろう。

†親密さのマジックに幻惑されないために

その一方で、親密さのマジックを操る輩《やから》の術中に落ちないように免疫を持つことも、自身の人生や財産を守るためには必要になってくる。社会で巧みに世渡りしている人たちが、演技性だけでなく、自己愛性や反社会性の特性をもち、他者を自分勝手に利用することに長けているという現実を考えるならば、相手が巧みに演出してくる技に、ただ意表をつかれ、心を動かし、喝采を送っているばかりでは、いい餌食にされるだけかもしれない。

また、対人距離を縮めることが苦手なタイプの人は、その人たちなりの方法で、我が身を守り、自分たちに合った社会適応と幸福を見つけ出すことが必要になる。

成功や幸福の形は、一つではない。社会的スキルが高い人と同じ幸福を求めようとすると分が悪いが、自分のたちのスタイルに合った範囲で、幅を広げることは、人生のポテンシャルを高めることにもつながるだろう。

次章以降では、その人の対人距離を決めるファクターについて見ていき、理解を深めていくことにしたいが、その前に、あなたやあなたの身近な方のパーソナリティのタイプを知っておいた方が、いっそう興味深くこれからの章を読み進められるだろう。そこで、この章の最後に、十のパーソナリティ・タイプについて、簡単にその特徴をまとめておきたい。

†パーソナリティ・タイプと特徴

本書で用いられる分類は、アメリカ精神医学会の診断基準DSM-Ⅳ（DSM-5もそのまま踏襲）に基づくものであるが、各タイプの偏りのために、社会生活や家庭生活に著しく支障が出ている場合に、「パーソナリティ障害」として扱われる。ここでは、それほど重度でないケースも含めて、そうした傾向をもつタイプとして扱うため、「障害」という言い方はしない。

各パーソナリティについて、もう少し詳しく知りたい方やより正確に判定したい方は、拙著『パーソナリティ障害』（PHP新書）や同書の巻末に収載されたチェック・シートを参考にしていただければと思う。

(1) 遠い対人距離を好むタイプ

・回避性パーソナリティ

傷つくことや失敗を恐れ、一歩踏み出せないタイプで、親密な関係になったり、チャレンジをしたり、責任が増えたりすることが、とても負担に思えて、避けてしまう。対人距離は、当然遠くなりがちだ。

・妄想性パーソナリティ

人を信じることができず、猜疑心が強いタイプで、パートナーや家族に対しても、裏切られているという疑念を抱く。個人情報を知られることに過度に敏感で、たわいもない質問にも、警戒してしまう。

・シゾイドパーソナリティ

孤独を好み、他人と何かをすることに興味や喜びが乏しい。喜怒哀楽に乏しく、表情や反応にも欠ける。こちらが接近していかない限り、向こうから接近してくることはないので、何年たっても距離が縮まらないのが普通だ。単調な生活をあまり苦痛と感じず、自分の興味のあることには、地道な努力を続けることもある。自分だけの世界にこもって、遁世したように暮らすことを理想とする。

シゾイドパーソナリティは、自閉スペクトラム症（ASD）との関連が大きいとされ、その中でも、消極的なタイプが移行したものと考えられる。

・**失調型パーソナリティ**

常識にとらわれない発想やクリエイティブなインスピレーション、霊感が豊かであるが、ときに非常識の度が過ぎて、変人とみなされる。シゾイドと似てマイペースを好むが、シゾイドよりは人との関係を求め、そのユニークな才能を生かして、活躍することもある。

こちらは、自閉スペクトラム症の中でも、積極奇異型と呼ばれるタイプと重なり合うと考えられる。

・**強迫性パーソナリティ**

真面目で、倫理観や責任感が強く、決まった通りにするのを好む。実直だが、融通が利かないところがある。勤勉な努力家で、どんなことも頑張ることで乗り越えようとする。つい頑張り過ぎて、過労になりやすい。

形式張っている分だけ、対人距離は縮まりにくいが、律義に信頼関係を大切にするので、親密な間柄になることもできる。その意味で、対人距離は中間的だと言える。

(2) 近い対人距離を好むタイプ

・演技性パーソナリティ

芝居がかった振る舞いや性的な魅力によって、注目や関心を惹きつけようとするタイプで、人目を惹く格好をしたり、本当のような嘘をついたり、悲劇のヒロインに自分を仕立て上げたりすることもある。対人距離が過度に近く、初対面なのに、馴れ馴れしく接近してきたり、ボディ・コンタクトをとろうとしたりする。

・依存性パーソナリティ

自分一人では生きていけないように思い、相手の機嫌を損ねまいとして、過度に気を遣う。無理な頼み事にも「いや」と言えず、つい応じてしまう。重要な決断をしたりするときも、すぐに誰かを頼ってしまい、決めるのが苦手である。信じるものが必要で、宗教やネズミ講にはまりやすい。

演技性ほどではないが、対人距離がやや近くなりやすい。

・境界性パーソナリティ

自己否定と自己破壊的な行動を特徴とするタイプで、リストカットなどの自傷、オーバードーズ（薬物の過剰摂取）、自殺企図が繰り返されることもある。また見捨てられることに対する不安が強く、親密な関係になると、かえって不安定になってしまう。急に落ち込んだり、激しい怒りにとらわれて、大切なはずの存在に攻撃を向けてしまうことも多い。対人距離は不安定で、急速に接近したり、急に離れたりする。

・自己愛性パーソナリティ

高いプライドや過剰な自信、誇大な理想を特徴とするタイプで、自分を神のように重要な存在だと思っている。間違いを指摘されたりして、プライドを少しでも傷つけられようものなら、激しい怒りにとらわれる。思いやりが乏しく、自分に都合よく相手を利用するところもある。自分の都合次第で、接近してくる。

・反社会性パーソナリティ

道徳的な規範の乏しさや他人を冷酷に搾取する傾向を特徴とするタイプである。共感性が乏しい傾向や、スリルを好み、危険に対して鈍感な傾向がみられる。下心をもって、馴れ馴れしく接近してくる場合がある。かつて、「サイコパス」という用語が用いられたことがあるが、差別的な用語であるため、現在は精神医学では用いられなくなっている。

第二章
愛着と対人距離

†対人関係の土台となる愛着の仕組み

この章では、対人関係の特性を考える上で、一つの重要なファクターである愛着との関係についてみていこう。

対人関係において親しみや信頼を育《はぐく》む土台となる仕組みが、愛着である。愛着は、心理的な現象のように思われるかもしれないが、実は、生物学的な仕組みをもつ現象である。言葉を交わさなくても、われわれは犬や猫に対して愛着を感じ、家族のように大切にすることも多い。それは、人間の側からの一方的な愛情ではなく、動物の側からも我々に懐き、親しみを感じてくれるのだ。これは、オキシトシンという同じホルモンに司られた愛着の仕組みを、人間も犬も共有するから可能となることなのである。

爬虫類ではこうはいかない。人間の方が可愛がっているつもりでも、爬虫類の方は、人間に対して何の親しみも感じないからだ。親しみを感じる仕組みをもたないのだから仕方がない。

愛着の仕組みは、子どもを抱いて、乳を与えて育てる哺乳類で特別に発達しているが、それは、外敵から子どもの身を守るうえで、子どもが親にくっつき守られることが、生死を分けるだけでなく、子どもを育てるのに要する長い期間、親が、途中で放棄することなく世話をし続けねばならず、我が子を特別に思い続ける仕組みが、進化してきたものと考えられる。その仕組みが、パートナーとの関係においても、友人や同僚らとの関係においても土台となり、その質を左右する。親子関係において培われた愛着の特性が、それ以外の対人関係においても、再現されることになりやすいのだ。

†愛着の二つのディメンジョン　安定性とスタイル

愛着の特性には、二つのディメンジョンがあると考えられる。一つは、どの程度恒常性をもった盤石な絆であるかということである。関係の盤石性が高いタイプを安定型と呼び、低いタイプが不安定型である。安定型の人は、信頼関係が維持されやすく、一旦受け入れた人との関係を大事にしようとする。

不安定型の人は、関係が定まらず変動しやすい。とても親しい関係になっても、翌日には関係が崩壊しているということも起きてしまう。

もう一つのディメンジョンは、親密さをどの程度、どのように求めるかという親密さのスタイルにかかわるものである。

親密さを避けようとする傾向が、愛着回避である。愛着回避が強い人は、親しみという感情をもちにくく、たとえもっても、接近することを避けようとする。

愛着回避が強いのが、回避型である。回避型にも、関係の安定性が高いタイプと低いタイプがある。安定・回避型は、少数の人とそこそこ親密な関係を築き得るが、不安定・回避型の人は、人との親密な関係をもつことに関心がないか、愛情のない関係を次々ともつということも起きる。

逆に、愛着回避が極度に弱い人は、親密さのブレーキが利きにくく、脱抑制型と呼ばれる。相手に魅力や接近するメリットがある場合だけでなく、偶然に顔を合わせただけや、危険なワナが待ち構えている場合にも、無警戒に親密になろうとし、物理的にも心理的にも接近することをためらわない。

一方、愛情の証を過剰に求める傾向が愛着不安であり、愛着不安の強い人は、自分が相手に受け入れられているかどうかに過剰な不安を感じやすく、相手の顔色を窺いすぎたり、相手の反応に自分が左右されたりする。その根底には、過剰なほどに愛情や承認を求め、その証拠を得ようとしてしまう承認飢餓がある。相手が期待に応えてくれないと、ひどく落ち込み、ときには、怒りや攻撃に向かうこともある。

愛着不安が強いタイプが不安型だが、不安型にも二つのタイプがある。安定・不安型では、関係の安定性そのものは高いが、絶えず愛情の確認を必要とするもので、不満やケンカが絶えないものの、執着が強いため、腐れ縁の関係が続くことになる。

それに対して、不安定・不安型では、不満や諍《いさか》いが即関係の崩壊や新しい関係への乗り換えにつながりやすく、ケンカ別れや不倫を繰り返しやすい。

幼い頃からの愛着タイプは、ある程度持続性があるが、その後の体験により変動する場合もある。十代後半頃には、その人の愛着の傾向はほぼ固まり、愛着スタイルと呼ばれる。

愛着の安定性、愛着回避／愛着不安は、対人距離も含め、対人関係の質を考える上で、有用な指標である。二つのディメンジョンを一緒にして、安定型、不安型、回避型に分ける分類も、よく用いられる。

†安定型、不安型、回避型を見分ける

ただ、理論的に説明されても、なかなかピンとこない人もいるだろう。そこで、安定型、不安型、回避型を見分けるのに役立つ質問を、いくつかお出ししてみよう。ご自分の答えを考えながら読み進めていけば、自ずと自分がどのタイプであるかが、明らかとなるだろ

う。

質問1　心を許せる本当の親友がいますか?

信頼できる親しい友人をもち、長年親交を続けられることは、安定した愛着が備わっていることを裏付ける。親との関係も良好なことが多い。友達ができるが、気を遣いすぎ、我慢を強いられるという場合や、関係が長続きせず、些細なことで関係が切れてしまうのは不安型に多く、親に対して、過度に顔色を窺ったり、気を遣いすぎるところも、不安型の特徴である。回避型の人は、心から打ち解けた友人ができにくい。親に対しても無関心で、あまり考えることもない。

質問2　思い通りにならないことがあっても、すぐに切り替えられる方ですか?

うまくいかいなことや傷つけられることが起きても、あまり動揺せずに、気持ちを早く切り替えることができるのは、安定型の特徴である。悪いところにばかり目を向けすぎず、大きな視点で状況が見られるのだ。それに対して、不安型の人では、期待を裏切られると過剰に落ち込んだり、怒りを感じたり、攻撃的になったりしやすい。回避型の人も引きずずりやすく、普段は感情を抑えているが、限界を超えると、突然キレることになる。

質問3　大切な人との別れを想像すると、とてもつらくなりますか？

別離に強い不安を感じるのが、不安型の人の特徴である。大切な人から見捨てられたり、嫌われたりすることにも敏感である。一方、安定型の人は、別れることに淋しさを覚えるが、過剰に不安がることはなく、心の中に絆が存在し続けると信じることができる。回避型の人は、別れに対して無頓着で、あまり痛みを感じない。

質問4　些細な問題でも、自分で決められず、周囲の意見を聞きたくなりますか？

重要な決定は無論のこと、日常的な些事でも、自分ですぐに決められず、頼っている人の意見を聞きたくなるのも、不安型の特徴である。不安型の人は、人に頼ろうとする傾向である依存性が強いと言える。頼っているにもかかわらず、その結果が期待外れだったりすると、怒り狂ったり、相手を責めたりするのも、よくあることだ。依存と攻撃が同居しやすいが、そうした面を見せるのは、特に親密な関係の相手に対してである。

安定型の人は、重要な決定や困っているときには、人に相談し、意見を聞こうとするが、相手に頼りすぎず、最終的な決断は自分で下すし、その結果に対しては自分の責任だと考える。ほどよく自立しているが、必要なときには他人に頼ることもできる。

回避型の人は、そもそも他人に相談したり、意見を聞くことが苦手で、自分で解決しようとする。特に困っているときほど、人に相談することができない。

質問5　喜怒哀楽があまりなく、いつも冷静な方ですか？

回避型の人は、感情表現を抑える傾向があり、気持ちや本音もなかなか言おうとしない。通常なら感情をかき立てられる場面でも、クールである。そうした面が、周囲にはとても冷静だと映ることもある。一方、不安型は、喜怒哀楽が激しく、感情表現が過剰になりがちである。ときには、両極端に揺れることもある。

安定型は、ほどよく共感し、感情も表現するが、極端になることはなく、ある程度、冷静さも備えている。

質問6　仕事と家族（人間関係）と、どちらを大切にしていますか？

回避型の人は、仕事や趣味の方に親和性が高く、やりがいも感じやすい。人間関係の方は、余計な面倒ごとだと思っている。一方、不安型の人は、家族や同僚との関係が優先であり、仕事は二の次である。安定型の人は、両方に関心があり、どちらも大切にする傾向がある。

ご自分や身近な人の愛着スタイルが、およそ把握できたことと思う。それを念頭に置いて読み進めていただくと、さらに理解が深まることだろう。

†対人距離と安定型、回避型、不安型

では、話を対人距離に戻して、愛着の安定性や愛着回避／愛着不安は、対人距離にどのように関係するのだろうか。

愛着の安定性が高い人は、ほどよくオープンだが、ほどよい警戒心も備えていて、ほどよい対人距離を保ちながら相手を見極めている。信頼できる存在とは、親密な関係を築いていくが、信頼できない存在とは距離をとった付き合いをする。相手に応じて、対人距離を制御することができる。

逆に愛着の安定性が低いと、対人距離は、近すぎたり、遠すぎたりしやすいだけでなく、

信頼できる存在と安定した関係を維持することが難しい。何度も別れや離婚を繰り返すという場合には、愛着の安定性が低いことが多い。ふさわしくない存在と親密な関係になり、人生の時間やお金を無駄にするということも起きやすい。

愛着回避が強い人ほど、対人距離をとろうとし、親密さを避けようとする。信頼できる存在や心を開いて良いはずの存在に対しても、対人距離を縮めることがなかなかできない。その逆に、負の愛着回避、つまり、愛情対象に過剰に接近しようとする脱抑制型の傾向をもった人は、躊躇《ちゅうちょ》なく相手に近寄ろうとする。負の愛着回避、つまり、愛情対象への積極的な接近を「愛着行動」と呼ぶが、親密な距離に急接近してくる人は、愛着行動が強まっていると言える。

一方、愛着不安はどうか。愛着不安が強い人は、過敏で傷つきやすい。そうした傾向は、他人に接近し、親密になることを妨げてしまう。たとえ好意や尊敬の念をもっていても、その気持ちを素直に表現したり、自分から近づいて話しかけるということができない。それどころか、意中の人がわざわざアプローチしてくれるときでさえも、親しくなっても自分のような者は相手をがっかりさせてしまうだけだと思って、素っ気ない態度を取ってしまったりする。傷つくことが怖いので、相手を受け入れることにも躊躇してしまうのだ。

反対に、負の愛着不安、つまり自分は愛されるという確信や期待を抱いている人は、堂々と、あるいはなりふり構わず相手に近づいていこうとする。愛着行動における、この愛されるという確信や期待を、「愛着期待」と呼ぶ。愛着期待は、愛される自信というよりも、当然相手が自分を受け入れてくれるという思い込みと言った方が近いだろう。勝手で一方的な期待なのだが、あまりにも一途に、確信を持って期待されると、簡単に裏切りにくいということも起きるのだ。

†図々しかった石川啄木

心を打つ短歌で、いまも多くの人に愛される歌人の石川啄木は、とても図々しく、馴れ馴れしい一面をもっていたという。国語学者の金田一京助とは盛岡中学（現・盛岡第一高等学校）のときの学友であったことがしられているが、啄木は、金に困ると、金田一に融通してもらったばかりか、一時は下宿に転がり込んで、一緒に住んだこともあった。悲惨な境遇の話を聞かされているだけに、真面目な金田一としては、むげに断れなかったのだろう。金田一は自分の大切な書籍を売り払って、啄木に金を工面したこともあった。

同じ歌人の与謝野晶子が啄木に初めて出会ったとき、晶子は出産直後で、一度会っただけの鉄幹の家まで訪ねてきたのである。まだ鉄幹と入籍していなかった晶子は面食らったようだが、いつしか弟のように可愛がり、短歌の指導をしただけでなく、何くれとなく面倒を見るようになった。多くの人が、いつの間にか彼の味方にならざるを得なかったのである。(1)

渋民村の僧侶だった父が、寺を追われ、一家が離散することになったという悲惨な境遇は、つとに知られているが、幼い頃は、一人息子として甘やかされて育った。童顔のかわいらしい顔立ちをしていたこともあり、誰もが彼に甘かったのであろう。

†味方になってくれるという確信が人を動かす

愛着期待がどのくらい強いかが、人間関係を切り開いていく上での成否を左右することもある。自分を受け入れてもらえると信じて近づいてくる人を、多くの人はむげにできないのである。

強い愛着期待をもった人を前にすると、最初は図々しい人だなと警戒しながらも、その率直さと、ありのままの自分をさらけ出す姿に、いつしか心を捉えられるということも起きる。

愛着回避も、愛着不安も、対人距離を大きくとり、親密になるのを妨げてしまう方向に働く。つまり、親密さにとっては、二つとも斥力《せきりょく》として働いてしまうのである。一方、愛着行動と愛着期待は、引力として働き、親密な関係を生み出す原動力となる。そして、愛着の安定性は、両者のバランスをとり、相手に応じて、ほどよい距離を保つことにあると言える。

したがって、親密な関係を築いていく上で鍵を握るのは、愛着不安や愛着回避といった阻害要因と、愛着行動や愛着期待といった促進要因の両方を念頭に置きつつ、両者のバランスをとり、ほどよく使い分けながら、安定した愛着を目指すということなのである。

†パーソナリティと愛着タイプの関係

四三ページのグラフは、パーソナリティ・タイプごとに、愛着回避と愛着不安との相関係数を縦軸、横軸にとり、分布を示したものである。たとえば、もっとも愛着回避との相関が強いのが、シゾイドパーソナリティであることがわかる（ASDについては後述）。シゾイドの傾向が強いほど、愛着回避も強まるのである。愛着回避との相関が強いのは、次いで、回避性、妄想性となる。

逆に、もっとも愛着回避との結びつきが弱く、負の相関を示したのが、演技性である。つまり、演技性の傾向が強いほど、親密な接近を回避するどころか、積極的に接近しようとする愛着行動が活発な傾向がみられる。

演技性に続いて、積極的な接近がみられるのが、反社会性、次いで自己愛性、依存性、境界性となり、それ以外とは一線を画していた。

つまり、些細なきっかけからでも、親密な距離への接近が起きやすいタイプとして、演技性、反社会性、自己愛性、依存性、境界性が重要になるだろう。

一方、愛着不安との結びつきについては、もっとも高いのは回避性、次いで失調型、妄想性、境界性、依存性の順であった。逆に、愛着不安と負の相関を示し、愛着期待が高かったのは、演技性で、次いで反社会性、自己愛性となり、他のグループとは、大きな違いを見せた。

距離が近くなりやすい、演技性、反社会性、自己愛性、依存性、境界性の中でも、愛着不安が強い、依存性、境界性のタイプと、愛着不安が弱いか負の相関を示す演技性、反社会性、自己愛性のタイプでは、特性が異なることになる。

演技性、反社会性、自己愛性のグループでは、愛着不安が少なく、むしろ愛着期待が高

パーソナリティと愛着の関係

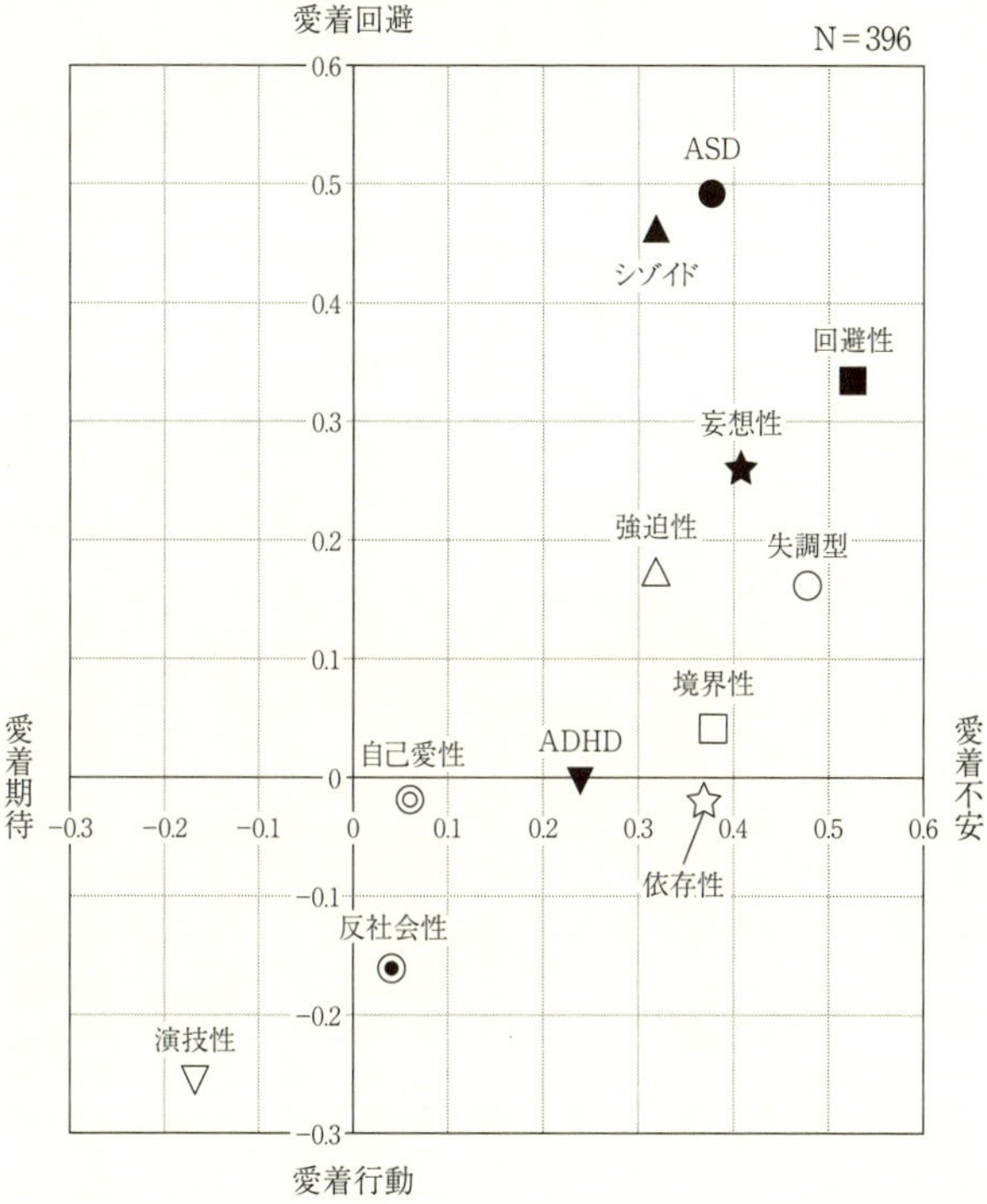

いため、相手に当然のごとく近付いていく。そうした積極性のゆえに、これらのグループは、浮気性や遊び人とみられやすいが、実際には、演技性や自己愛性の傾向が強い人でも、特定の存在との関係を大事にする人もいて、移り気な傾向を伴うとは限らない。

それに対して、依存性や境界性は、愛着不安が強く、相手にどう思われているか、自分が認められているかどうかがとても気になり、相手の顔色や反応に過敏になりやすい。

回避性や失調型は、愛着回避も愛着不安も強いために、愛情を求める気持ちは強いのに、拒絶されるのが怖くて接近に二の足を踏む。対人関係に慎重になりすぎて、思いはあっても行動ができなかったり、不安のために行動がぎこちなくなったりしてしまうのである。

†ADHDやASDと愛着タイプ

パーソナリティとは、生まれ持ったものと、育ちの中で後天的に身につけたものが融合して最終的にできあがった行動、感情、認知のスタイルであるが、生まれ持った特性を重視した概念に発達障害がある。その中で、一般にもよく知られているのが、自閉スペクトラム症（ASD）と注意欠如／多動症（ADHD）である。

成人のASDの症状を評価するスケールであるA-ASDと、成人のADHDの症状を評価するスケールであるA-ADHDのスコアと、愛着回避、愛着不安との相関係数を、それぞれ縦軸、横軸にとって、先ほどのグラフに示してある。

ASDは、シゾイドパーソナリティと非常に近い愛着特性を示すことがわかる。実際、大人のASDは、シゾイドパーソナリティと、ほぼ同じものではないかということも言われている。

一方、ADHDは、愛着回避とはまったく相関せず、愛着不安と軽度の正の相関を示す。つまり、ADHDの人は、距離感という点では、自己愛性や依存性の人とほぼ同程度で、距離が近くなりやすい。ただ、自分が受け入れられているかどうかに、境界性や依存性の人ほどではないものの、やや敏感なところがあるということになるだろう。

†愛着回避＋愛着不安は、対人距離の良い指標

このように、愛着回避と愛着不安の傾向は、それぞれ対人距離に影響を及ぼすのであるが、ざっくり言えば、愛着回避も愛着不安も対人距離をとろうとする方向に働くと言える。その人の対人距離を把握する場合、両者をトータルに見ることが、良い目安となる。

そこで、両者のスコアを足し合わせたものを、対人距離スコアと定義して、各パーソナ

パーソナリティと対人距離

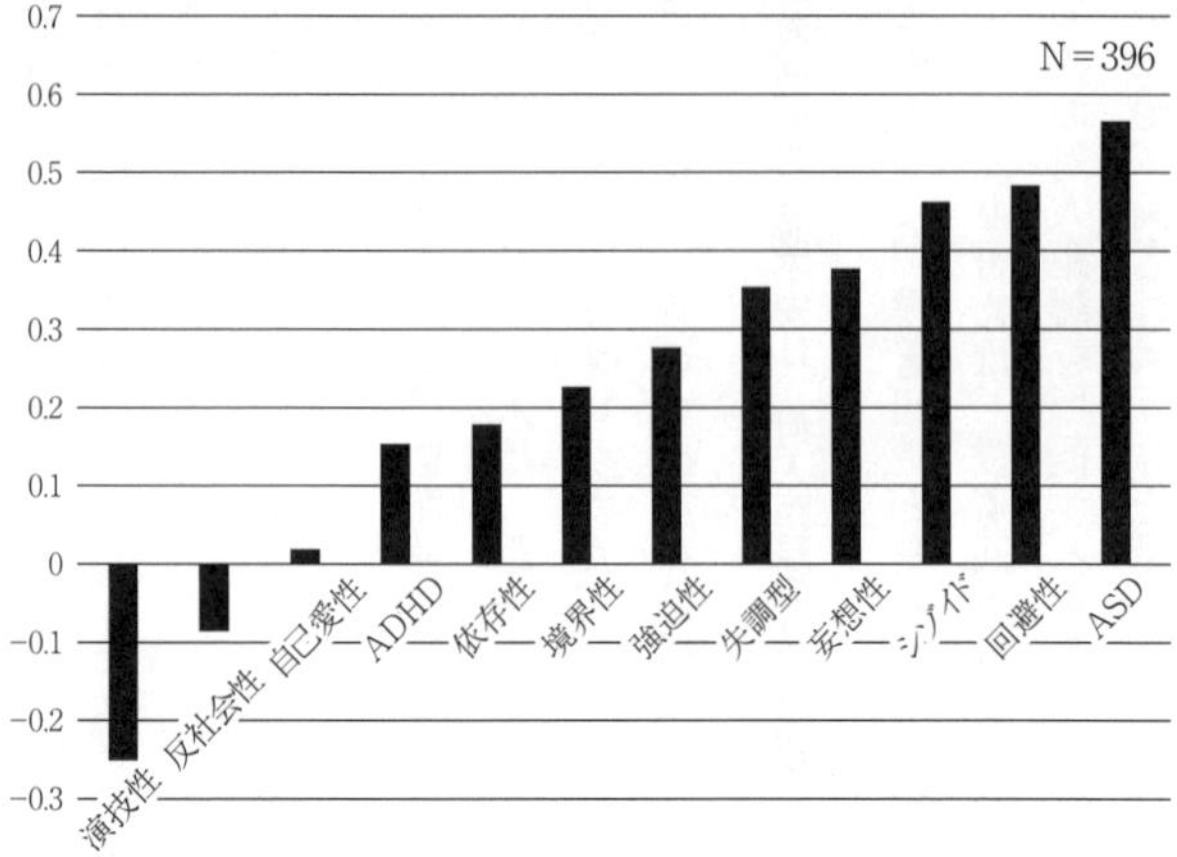

リティごとにみたのが上のグラフである。

ＡＳＤ（自閉スペクトラム症）の傾向が、もっとも対人距離が遠くなる傾向と関係し、回避性、シゾイド、妄想性、失調型などが続く。逆に、演技性、反社会性、自己愛性は、対人距離が近くなりやすいと考えられる。

これは、臨床的な知見ともよく一致している。対人距離を予測する一つの基準となるだろう。

演技性、反社会性、自己愛性の傾向をもつ人は、対人距離が近くなりやすいということは、改めて重要な事実を示していると言えるかもしれない。自己アピールが上手で、他人のことを本当には考えない人が、あなたに接近してくることが多くなりやすいということだ。向こうからあなたに近づいてきた場合、まずこの三つの傾向をもった人物である可能性を疑ってみる必要がある。

†執着の強さと愛着

対人距離以外にも、対人関係の質を左右するポイントがいくつか存在する。その一つは、執着の強さである。誰かと合わなくなったとき、さらっと別れてしまえる場合もあれば、なかなか腐れ縁が切れないという場合もある。

関係に対する執着の強さは、愛着不安が強いほど、強まりやすく、一方、愛着回避が強いほど、あっさりとしたものになりやすい。そこで、一つの目安として、愛着不安と愛着回避のスコアの差を「対人執着度」と定義し、各パーソナリティごとにみたのが、次ページのグラフである。

シゾイドパーソナリティがもっとも執着が乏しく、依存性パーソナリティがもっとも執着が強いという結果になるが、これは臨床的な知見とも一致している。右にいくほど、腐れ縁になっても別れにくいタイプであり、左にいくほど、あっさり終わってしまいやすいと言える。

パーソナリティと対人執着度

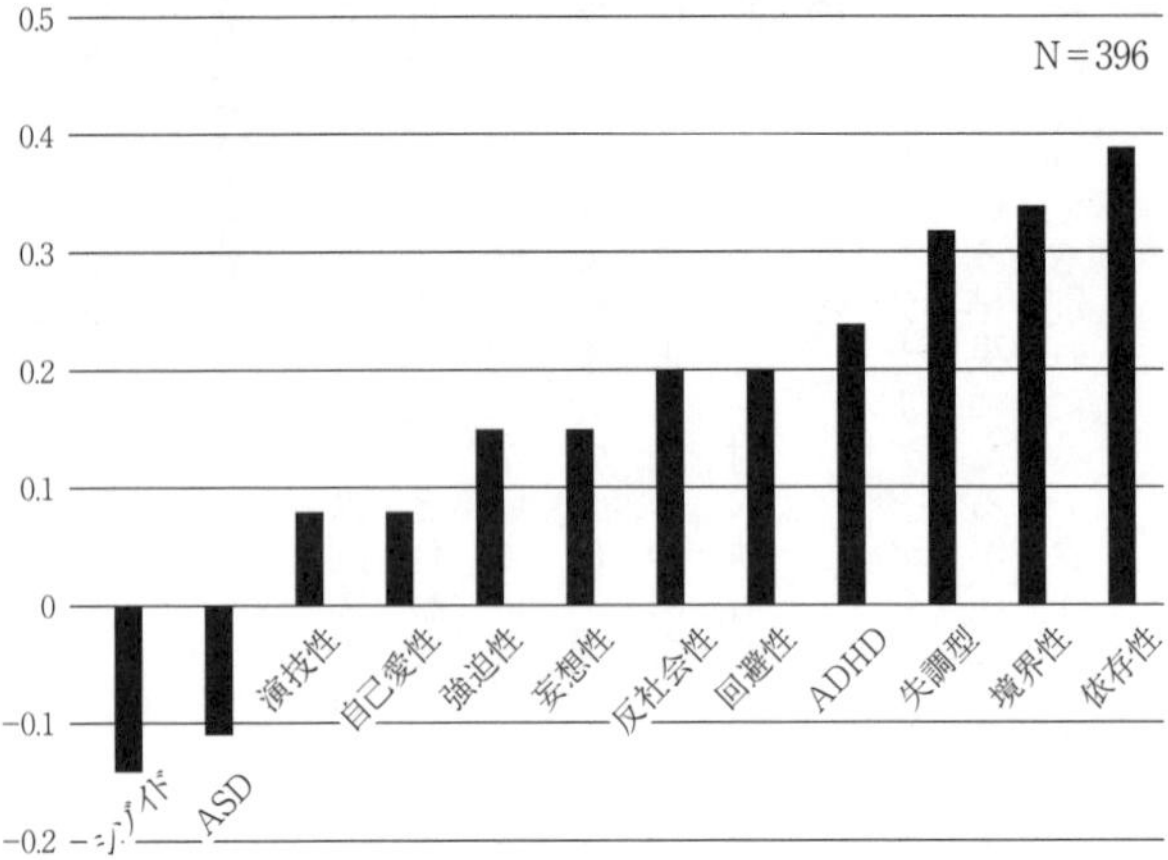

対人執着度は、心の傷つきやすさや見捨てられ不安、悪い方に邪推してしまいやすい傾向との結びつきを示し、対人執着が強すぎることは、生きづらさの要因になると考えられる。しかし、対人執着がなさすぎても、人間関係が希薄になり、人との交わりを楽しんだり、人生の果実を味わったりする機会が乏しくなってしまうだろう。

愛着の安定性と対人執着度との間には、まったく相関が認められず、両者は独立したファクターだと考えられる。愛着の安定性が、愛着不安、愛着回避とそれぞれ強い相関を示すのとは対照的である。

愛着の安定性と対人執着度によって、四つのグループに分けることができる。

①執着の強い安定型

特定の対象との愛着が安定し、執着も強いタイプである。その代表は依存性パーソナリティであるが、強迫性パーソナリティもその傾向がある。特定のパートナーや知り合いとの関係を大事にし、長い付き合いを求める。律儀でもっとも信頼できるタイプだと言えるだろう。

②執着の弱い安定型

特定の対象との愛着は安定しているものの、状況次第では、組む相手を変え、目先の利益や都合を優先するタイプで、表面的には良好な関係でも、恒常性という点では、あまり信用がおけない。演技性や自己愛性のタイプが典型的だと言える。

③執着の強い不安定型

特定の対象と親密になると、猜疑心や不安が強まり、ぎくしゃくしやすいところを抱えている。同時に、執着が強く、相手を独占しようとするので、相手をするのが大変になりやすい。代表は、境界性や妄想性のタイプである。一つ間違うと、ストーカー的になったり、刃傷沙汰《にんじょうざた》に発展したりすることもあり、慎重な対処が求められるタイプだと言える。

④執着の弱い不安定型

特定の対象と親密な関係が築けないだけでなく、そもそも他人に対して無関心であったり、一緒に何かをしたりすることに興味がないタイプで、シゾイドが典型的だと言える。

†共感性、社会的想像力と対人距離

通常、共感性の豊かな人は、人との交わりを好み、親密な関係を築いていくので、対人距離も近くなりやすい。

共感性にも大きく二つの能力があるとされる。一つは、相手の身振りや表情、気分に同調し、相手と同じように感じる能力である。同調能力とも呼ばれる。もう一つは、相手の立場になって相手の気持ちを想像し、理解する能力だ。この能力は、社会的想像力やメンタライゼーションとも呼ばれる。前者は、情緒的な共感であるのに対して、後者は認知的な共感である。どちらも、相手の気持ちを汲み取ったり、状況にふさわしく振る舞ったりするためには必要な能力である。

前者ばかりに偏ると情緒的になりすぎ、後者ばかりでは、理解はしてもらっても少し冷たい印象になる。両方がほどよいバランスで与えられたとき、話を聞いてもらった人は、自分の気持ちを汲み取ってもらえたと感じる。

対人距離と社会的想像力

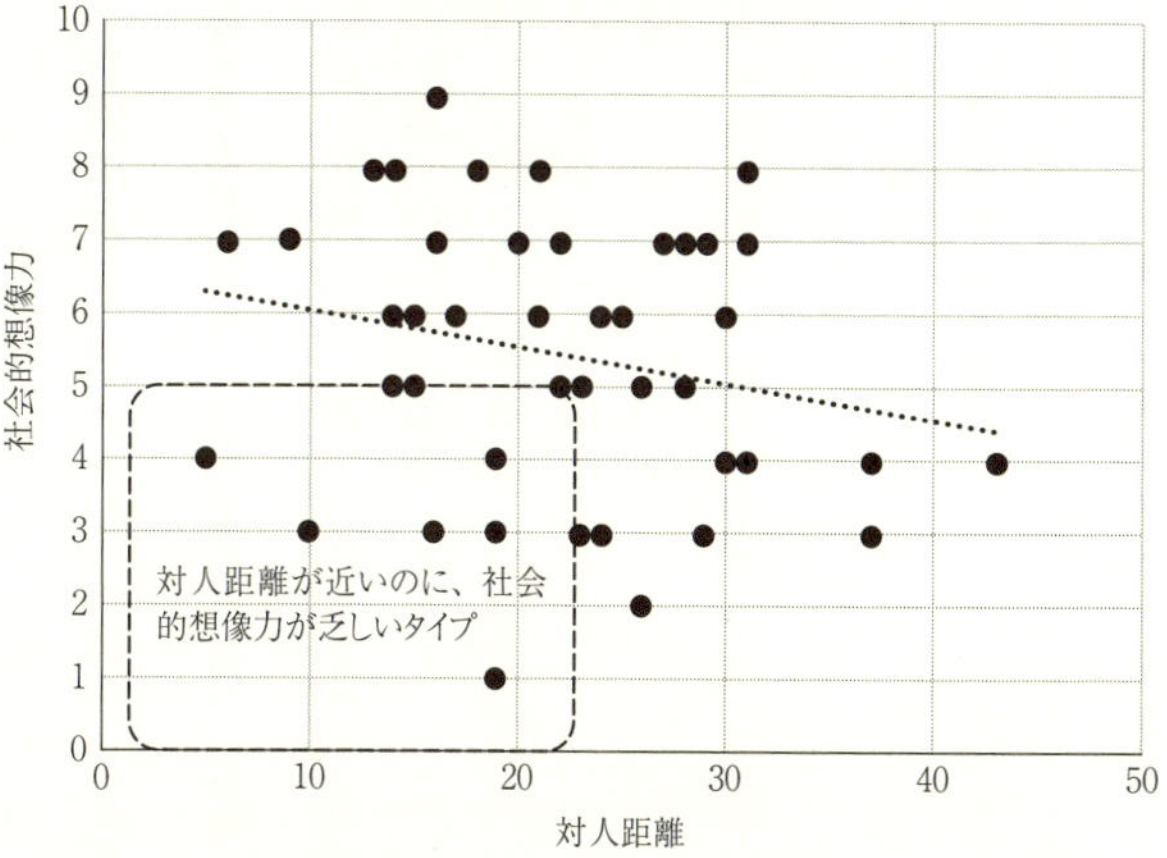

同調能力が豊かな人は、親密な関係が生まれやすく、対人距離も縮まりやすいが、認知的な共感能力が高くても、対人距離が近いとは限らない。

上のグラフは、対人距離と社会的想像力（認知的共感力と関係が深い）の関係を示したものである。

対人距離が近い人は、社会的想像力が高い傾向がみられるが、その関係は弱い相関でしかなく、対人距離が近くても社会的想像力が乏しい人も少なからずいるのである。対人距離が遠い場合は、社会的想像力が乏しくても、あまり迷惑になることもないが、難しいのは、対人距離が近いのに社会的想像力が欠けている場合だ。こちらの意図や気分に関係なく、馴れ馴れしく接近してきて、場違いな話や自分勝手な要求をされるということが起きやすく、周囲にとってはストレスの原因にもなる。

†共感性が乏しいのに、近い距離を好むタイプに要注意

本来の共感性は、相手の痛みも自分の痛みと感じるような、相手の立場でその人の身になって感じることである。しかし、頭だけで理解し、感じたふりをすることもできる。認知的な共感だけで情緒的な共感を伴わない人は、痛みをわかってくれたように、相手に思い込ませることもできるのだ。

悩んでいた女子高生など若い女性をターゲットにし、共感したふりをして一緒に死のうと、おびき出し、殺害を楽しむという猟奇的な事件が起きたこともある。

その場合に行われていることは、共感をフェイクして、同調したふりをするということである。相手への真の思いやりではなく、共感さえも打算的に利用しようとする傾向は、対人関係を考える場合に、もっとも用心しなければならない特性だと言える。恋人や伴侶に選ぶのには最悪だが、同時に、フェイクが上手な演技性や自己愛性や反社会性の傾向をほどよく持っている人の方が、社会的に活躍しているというのも現実なのである。成功し

冷たい心と対人距離（Vieira & March, 2014）

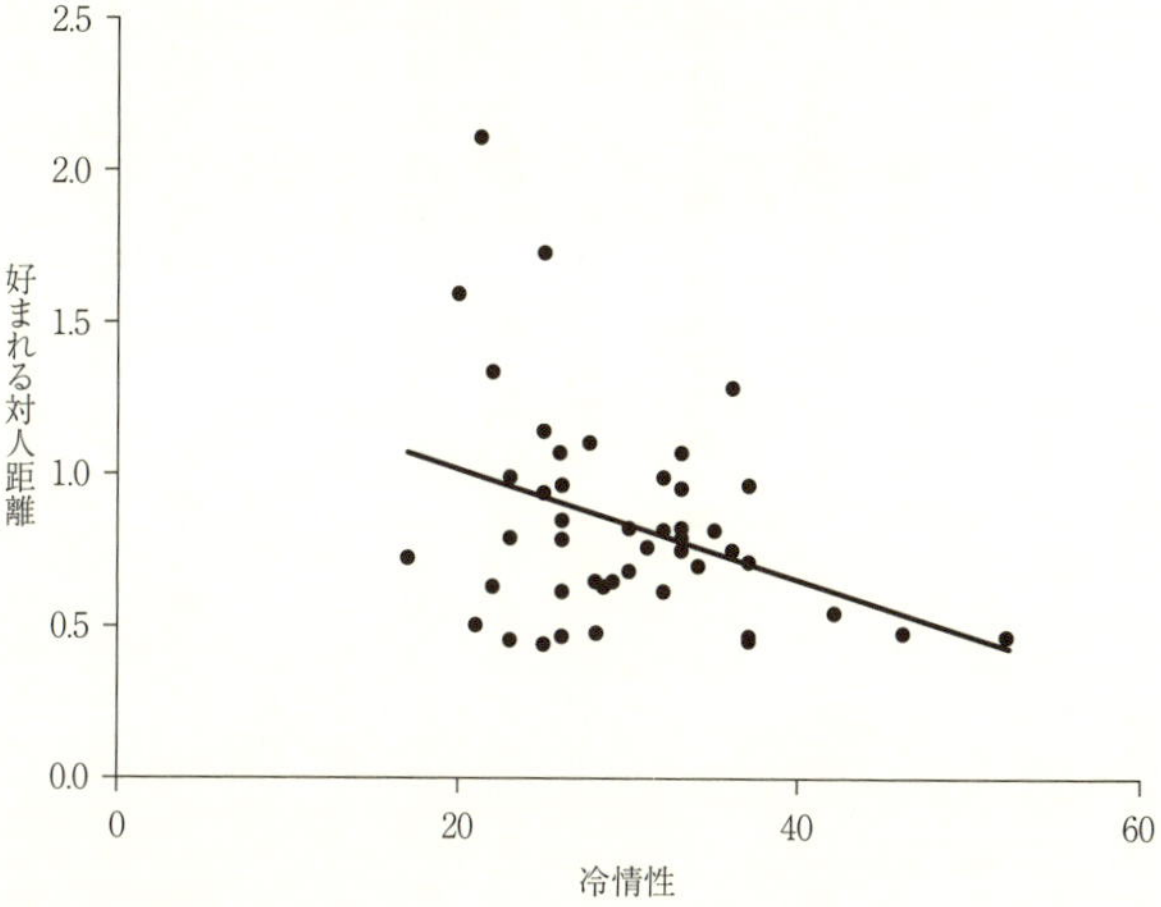

ている人、華やかにやっている人には、そうした一面がつきまとっていることが多いのである。

　ところが、こうした共感性の乏しさや冷酷で打算的な傾向をもった人は、対人距離が近く、ずかずかと、あるいは、巧みに接近してきやすいのだ。上のグラフは、冷酷な傾向と、好まれる対人距離の関係をプロットしたものだが、冷酷な傾向が強まるほど、対人距離は近くなっていくことがわかる。巧みに近寄ってくる人には、やはり用心することが肝要だと言える[2]。

　共感性が乏しく冷情傾向がある人が対人距離が近くなりやすい要因としては、扁桃体という器官の働きが関係していることが推測されている。扁桃体は、恐怖などの情動の中枢であり、危険を察知すると扁桃体が興奮し、恐れを感じることで、接近を踏みとどまる。ところが、何らかの原因で扁桃体の活動が低下していると、本来は感じるはずの恐怖や不安を感じない。その結果、用心すべきところで用心が働かず、無頓着に接近するということが起きる。言い換えれば、怖さを知らないのである。それがトラブルを招くことになる。

扁桃体の活動が低下する要因としては、先天的な異常による場合もあるが、むしろ多いのは、過酷で、非共感的な体験をすることによる場合だ。たとえば、ひどい虐待を受けて育ったり、戦争で過酷な体験をしたりすることが原因となる。

†攻撃性の方向　自責か他責か中立か

対人関係の質を決定する上で、もう一つ重要な要素は、攻撃性に関する特性である。つまり、攻撃性が相手に向かいやすいか、自分に向かいやすいかということが、付き合いやすさを大きく左右する。攻撃性が、すぐ相手に向かう人の場合には、何か問題があるとすぐに責められたり不満を言われたりして、周囲はストレスを感じることになる。積もり積もれば、やがて関係の崩壊にもつながりやすい。

パーソナリティと自責反応

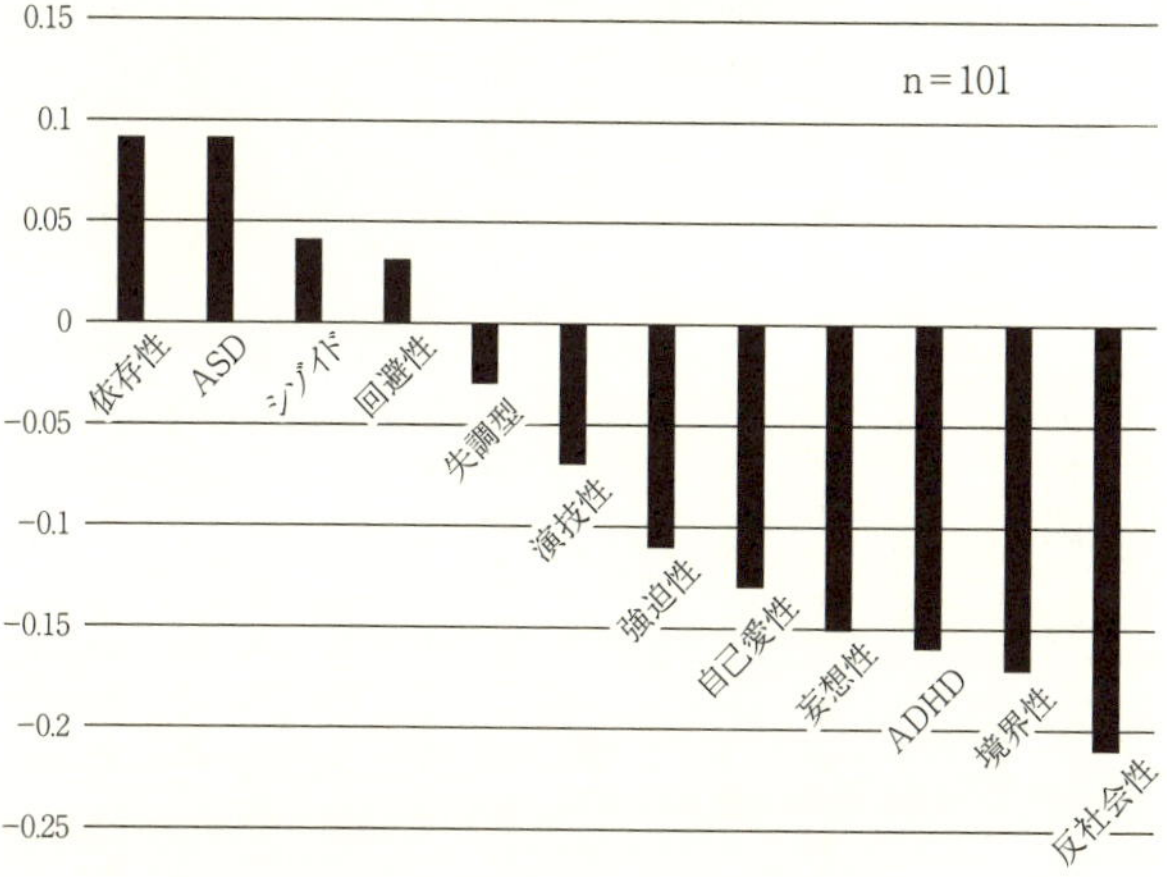

ストレスを受けたときのコミュニケーションの特性を調べる検査にPFスタディというのがある。この検査では、トラブルが起きた二十四の場面で、自分に責任があるという言い方（自責反応）と相手に責任があるという言い方（他責反応）の割合を求めることができる。

　自責反応と他責反応がどれくらい出現するかをみると、その人の攻撃性の方向がどちらに向かいやすいかがよくわかる。ただ、これらの反応は、設定されている場面が、主に見知らぬ他人を相手にしたものであるため、親密な関係においてあらわれる反応パターンというよりも、パブリックな場での反応をみるものとなっている。つまり、外面《そとづら》での反応であり、外で良い子にふるまうからといっても、身近な人に対しても同じとは限らない。

わかりやすくするために、まず自責反応だけでみてみよう。典型的な自責反応は、「すみません」とか「ごめんなさい」と謝る反応である。また、「しまった！」「馬鹿なことをした！」といった嘆きの反応や、「（指摘を受けたことに）すぐ対応します」とか「弁償させてください」といった責任をとろうとする反応も、自責反応である。パーソナリティのタイプごとに、自省反応との相関を示したのが、五五ページのグラフである。

ご覧いただければわかるように、自責反応と正の相関（自責反応が多い傾向）を示すのは、依存性やASD、シゾイド、回避性の傾向をもつ場合だ。相手の顔色を見て合わせる依存性の人や傷つくことを避けようとする回避性の人では、衝突を避けるために譲歩する傾向が強い。また、対人関係に消極的で、社会的にも不器用なASDやシゾイドの人も、控えめで、あまり自己主張せず、争いを好まない平和主義者が多い。あまり器用に自分の立場を主張して対立するよりも、とりあえず謝っておくことで、難を逃れるという反応を身につけているのだろう。

逆に自責反応と負の相関が強い（自責反応が少ない）のは、反社会性、境界性、ADHD、妄想性、自己愛性となっている。これらのタイプでは、自らの非を振り返ったり、受け入れたりすることが乏しい傾向がみられる。概して、振り返る力が弱く、不快な現実に対して、自分を攻撃していると受け止め、反撃しようとする。

自責反応が多いタイプは、控えめで、あまり主張せず、無害なタイプだと言える。それに対して、自責反応が乏しいタイプは、責任転嫁や逆ギレ的な攻撃が起きやすく、御しにくい相手だと言える。

†適正な距離がとれない四つの場合

本章の最後に、適正な対人距離がとれない場合には、どのような愛着やパーソナリティの問題が原因となりやすいかを、まとめてみよう。

(1) 親密さや愛情・関心を過度に求めようとする場合

まず、一つのタイプは、親密さや愛情を過剰に求めようとするものである。相手が少しでも親切だったり、優しそうに見えると、つい接近したくなり、馴れ馴れしく甘えたり、相手の誘いに応じたりしてしまう。

このタイプがもっとも典型的に見られるのが、脱抑制型愛着障害で、見境なく甘えようとする。もう少し常識的な範囲であるが、相手の関心を惹こうとしたり、相手に良く見せようと、過剰にサービスしてしまうタイプとして、演技性パーソナリティや依存性パーソナリティがある。

（2）相手を利用対象として見て、自分の都合だけで接近する場合

相手の気持ちや都合よりも、自分の利益や都合だけを考え、相手が利用できる「獲物」とみれば、すかさず接近し、思い通りにしようとするタイプで、自己愛性パーソナリティや反社会性パーソナリティが典型的である。

（3）社会的なサインや相手の拒否が読み取れない場合

場の空気や相手の気持ちが読み取れず、相手が求めるどころか、嫌がっているのに、接近しようとしてしまうケースである。社会的な認知や共感能力の障害があるＡＳＤ（自閉スペクトラム症）、シゾイド、失調型パーソナリティの場合が典型的である。

（4）自分の行動や欲求に対する抑制が低下している場合

脱抑制型愛着障害では、親密さへの欲求をコントロールできないだけでなく、気まぐれで、多動や衝動的な傾向もみられる。ＡＤＨＤの人も、多動で衝動性が強く、思いつきですぐ行動してしまう傾向が見られる。脱抑制型の人が、ＡＤＨＤと間違って診断されていることも少なくない。

また、気分の波がある人は、躁状態や軽躁状態のときに、ブレーキがきかなくなり、思いつきのままに暴走してしまいやすい。行きずりの人と盛り上がった勢いで性的な関係をもったり、飲食をおごったりすることも珍しくない。

アルコールや薬物の影響で脱抑制状態を生じれば、一過性に距離がとれなくなり、馴れ馴れしい行動に出て、大失敗するということも起きる。インターネットでのやりとりでは、相手の顔や反応が見えないため、発言に抑制がかかりにくいことが知られる。それは、親密さや心理的接近を生む「仮面舞踏会」効果を生み、出会いの場ともなりやすいが、普段と違う攻撃性や極端さが強まることで、トラブルのもとになる場合もある。


以上のようなものが、適正な距離がとれなくなる主な原因だと言える。もちろん、二つ三つの原因が同時に重なることもあり、いっそうトラブルや失敗につながりやすい。

それらの原因について、以降の章でもう少し詳しく見ていきたいが、次の章では、感覚の特性との関係について、掘り下げていこう。

第三章

感覚特性と対人距離

†感覚特性とは何か

精神的な悩みには、さまざまなレベルのものがあるが、人は高尚なことばかりで悩むとは限らない。痛みや痒みが耐えがたい苦痛になることもあれば、音や匂いに敏感なため、外出も仕事も困難になってしまう場合もある。人生の意味とか、考え方とかに比べると、感覚的な問題は、取るに足りないことのように扱われてきたきらいがある。

ところが近年、人それぞれの感覚の傾向が、その人の生き方や健康、幸福にも大きく関わっていることがわかってきた。感覚の特性は、知らず知らずその人の人生を左右する重要なファクターだったのである。

感覚特性を把握するのに便利なツールに、感覚プロファイルがある。感覚プロファイルは、六十四項目の質問に答えることで、感覚の傾向を評価するもので、低登録、感覚探求、感覚過敏、感覚回避の四つの傾向について、知ることができる。

低登録とは、感覚が鈍く、鈍感で気づきにくい傾向である。低登録の傾向が強いと、ものにぶつかりやすかったり、捜し物が苦手だったり、朝、起きにくかったりする。

感覚探求は新しい刺激を求める傾向である。感覚過敏は、音や匂いなどに過敏な傾向であり、感覚回避は、不快な感覚刺激を避けようとする傾向である。

この四つのファクターがどういうバランスであるかを、感覚プロファイルと呼ぶ。ばらつき具合によって、その人の感覚特性が決まるのである。感覚特性は、対人距離や愛着スタイルとも関係が深い。次の項では、感覚探求について見ていこう。

†新しい刺激を求める傾向

愛着の安定を大きく左右するとされる一つの要素は、新しい刺激を求める傾向（新奇性探求と呼ぶ）である。新しい刺激を求めるタイプの人は、慣れ親しんだものに安心や満足を覚え、それを大切にし続けるよりも、新しい可能性や刺激を求めて冒険することにこそ生きがいを感じる。

したがって、我が子といえども、育児だけに縛られたり、パートナーとの関係においても、一人の人だけに縛られたりしていると、自由な可能性を奪われ、生き埋めにされているような息苦しさを覚え、逃げ出したくなる。浮気に走ったり、日常の生活よりも刺激的なことを求めたりしてしまい、家庭生活や結婚生活に破綻をきたす一因ともなる。

ただ、この新奇性探求は生まれ持った要素が強い特性の面もあるので、その点を無理に

パーソナリティと感覚探求

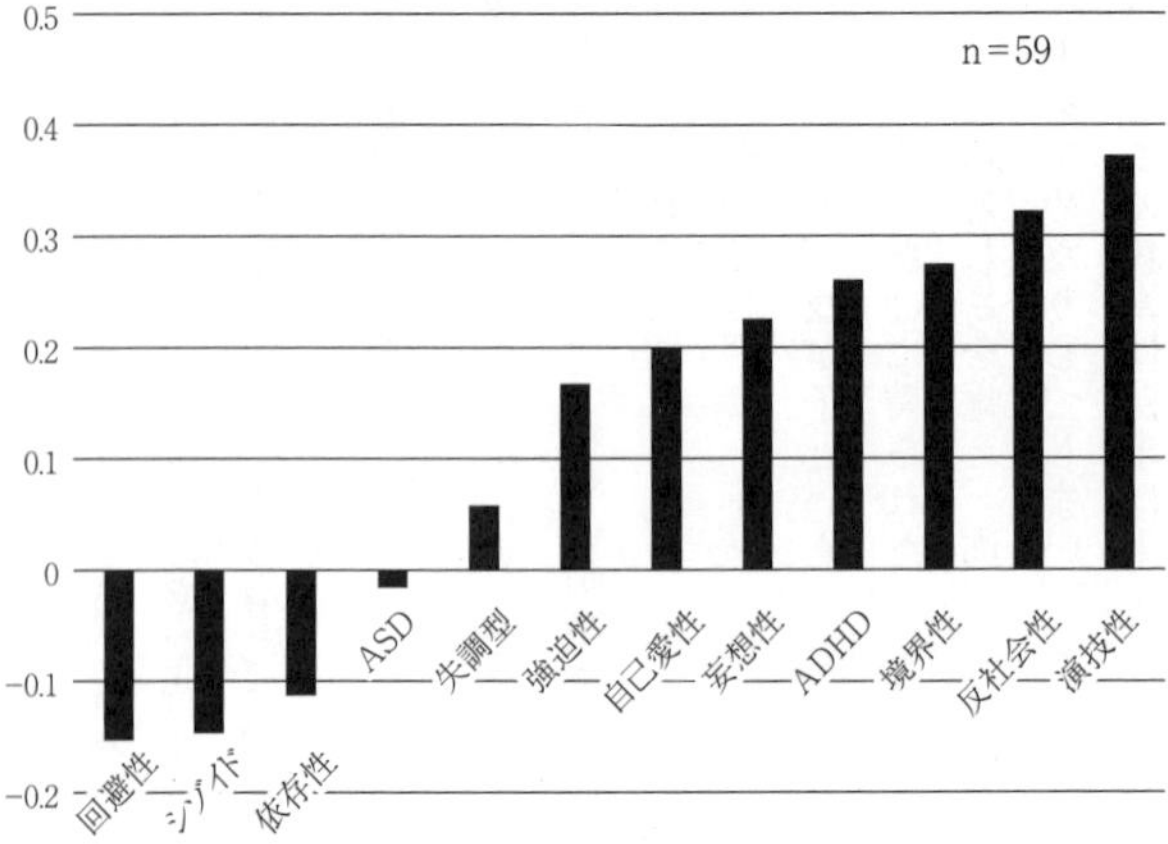

押し殺して生きていこうとしても、うまくいかない。新奇性探求が強い人は、あまり縛られないライフスタイルを持った方が、長続きしやすい。

上のグラフは、感覚探求（新奇性探求の一つの目安となる）と各パーソナリティ・タイプのスコア（ADHDとASDに関しては、A-ADHDとA-ASDのスコア）との相関を示したものである。

たとえば、演技性の傾向は、感覚探求が強い傾向ともっとも強い正の相関を示している。ついで、反社会性、境界性、ADHDと続く。

感覚探求が強い人は、新しい刺激に目移りしやすい傾向があり、それがパートナーとの関係の危機にもなるが、このタイプの魅力と不可分でもあるので、いいとこ取りは難しい。

逆に、感覚探求と負の結びつきを示したのは、回避性、シゾイド、依存性の傾向であり、こうしたタイプでは、新しい刺激を求めるよりも、変化を避ける傾向があり、対人関係においても新奇な相手を求めて冒険するということになりにくい。

自分自身や相手がどの傾向を強く持っているかを知ることで、対人関係のパターンをある程度予測し、リスクに対して心構えをすることができる。感覚プロファイルに興味がある方は、拙著『過敏で傷つきやすい人たち』（幻冬舎新書）や同書に収録されているチェックリストを参考にしていただければと思う。

†感覚過敏と対人特性

対人距離を決めるうえで、重要とされているのは過敏性である。過敏な人は、安全だと感じる自分の領域（パーソナル・スペース）を脅かされたと感じやすく、人との距離をとることで、身の安全を確保しようとする。

過敏性にも、感覚が過敏といった神経学的過敏性と、相手の顔色に敏感といった心理社会的過敏性がある。

パーソナリティと感覚過敏

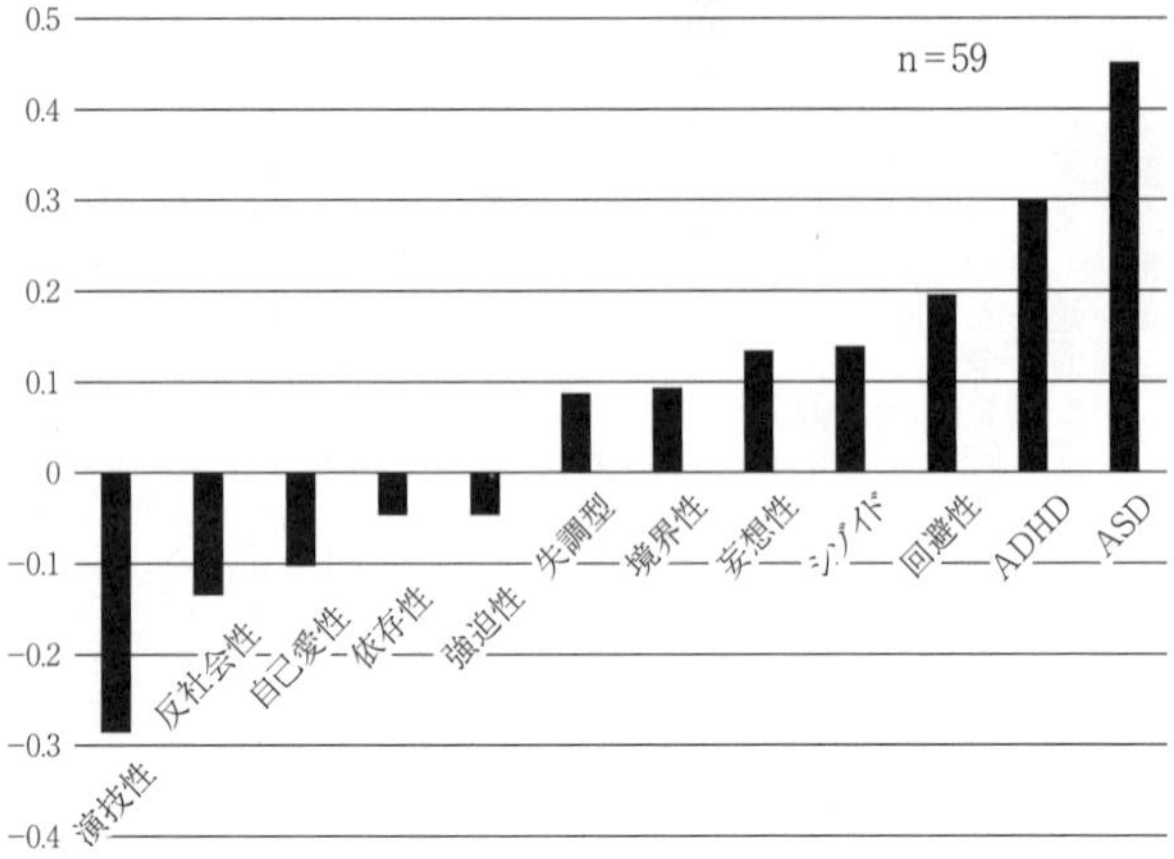

神経学的過敏性を代表するのが感覚過敏である。感覚過敏な人では、心地よく感じる対人距離が遠くなる傾向がみられる。ただし、こうした関係がはっきり認められるのは、ストレスがあまり高くない状態であり、ストレスが高い状態では、感覚過敏な傾向は、それほど重要な対人距離の決定要因ではなくなる[3]。

たとえば、緊張を強いられる仕事の場では、どれくらいの対人距離をとるかは、感覚過敏の傾向とは無関係になるが、リラックスした状態では、感覚過敏の強さが、自然に対人距離に反映される。

過敏性が強いタイプのパーソナリティでは、距離をとった関係を好む。一方、負の相関がみられるタイプでは、対人距離が近くなり、接近した立ち位置を好む。

感覚過敏との正の相関がもっとも顕著なものは、自閉スペクトラム症（ASD）で、ADHDや回避性、シゾイド、妄想性がそれに続く。これらのタイプでは、親密な対人関係が築きにくく、表面的な関係や本音を見せない関係になりやすいことが知られている。

逆に、感覚過敏の傾向と負の相関が強かったのが、演技性、反社会性、自己愛性などであった。これらのタイプでは、無頓着に相手のパーソナル・スペースに入り込みやすい。つまり対人距離が急に縮まり、相手の都合にお構いなく、接近してくることがあるのは、すでに述べたとおりである。

†感覚プロファイルが対人関係を決める

六八ページのグラフは、感覚探求と感覚過敏との相関係数をそれぞれ横軸、縦軸にとって、各パーソナリティや発達のタイプとの関係を示したものである。

感覚探求が強いタイプでは、感覚過敏があまり見られない傾向があるものの、パーソナリティや発達のタイプによって、それぞれ特色があり、大きく次の四つのグループに分けられる。

パーソナリティと感覚特性

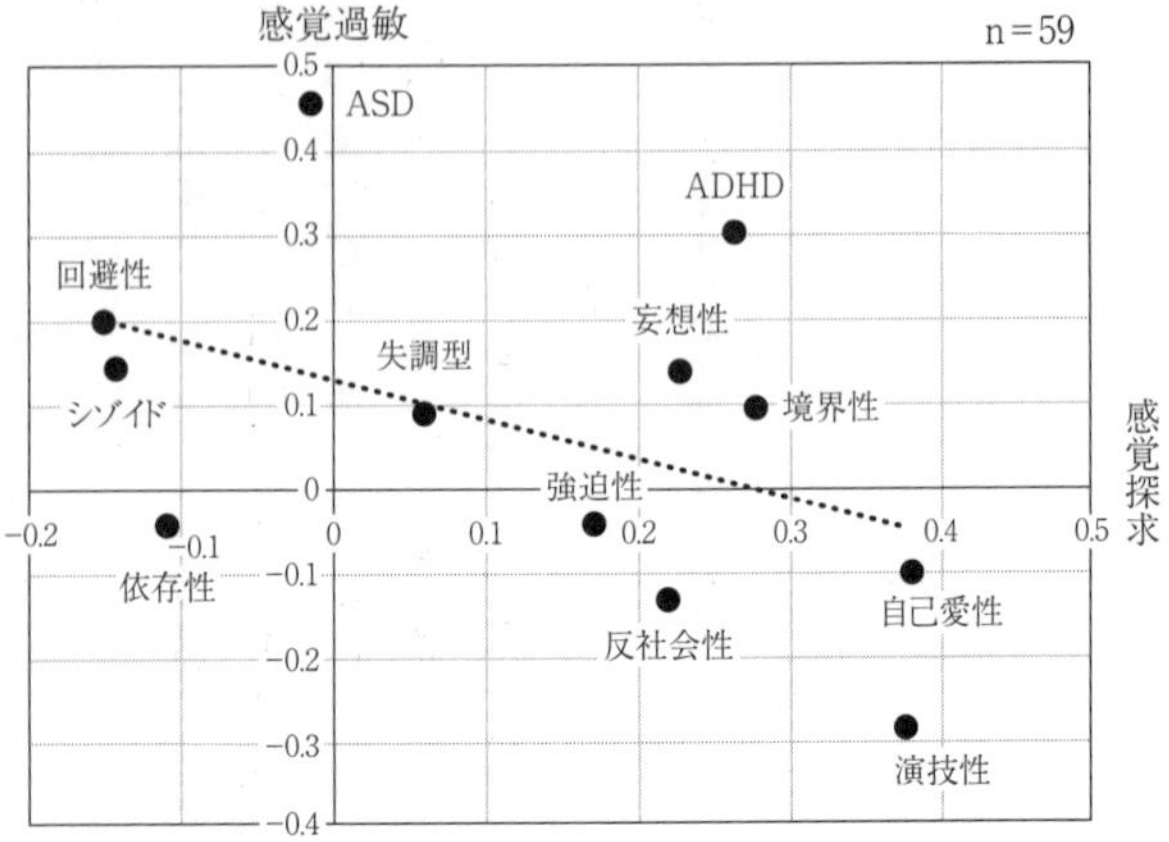

①感覚探求が強く、感覚過敏が弱いグループ……演技性、反社会性、自己愛性など

このグループは、新奇な刺激を追い求め、過敏さもないため、不安を抱きにくく、急に距離を縮めてくるなど、大胆不敵な行動に走りやすいと考えられる。つねに新しい出会いを求めようとするため、関係は移ろいやすい。

②感覚探求が強いが、感覚過敏も強いグループ……ADHD、境界性、妄想性など

このグループは、新奇な刺激を好むが、同時に過敏さも抱えているため、傷つきやすく、かかわりを求めているのか拒否しているのかわかりにくい振る舞いをしやすい。対人距離も不安定で、好意を持っている相手に冷淡になったり、攻撃的になったりすることもあり、

接近したいのか、遠ざかりたいのか、真意をつかみにくい。新しい刺激を求めるうえに、傷つきやすいため、関係はもっとも不安定になりやすい。

③感覚探求は弱く、感覚過敏が強いグループ……ASD、シゾイド、回避性など

このグループは、過敏で、新奇な刺激を求めないため、対人関係において慎重で、距離をとった行動をとりやすいと考えられる。親密な関係がなかなか成立しにくいと言えるが、いったん親密になれば、新しい出会いを求める傾向は乏しいため、相手がそっぽを向かない限り、このタイプから相手を切ることはめったにない。

④感覚探求が弱いが、感覚過敏も弱いグループ……依存性など

このグループは、新しい刺激や出会いをそれほど求めないが、あまり過敏でもないため、一人の存在に素直に接近し、いったん親密になると、長期間にわたって執着しやすいと言える。

感覚刺激を求める人では、振り返る力が弱い傾向が

お気づきの方もいるだろうが、前章で述べた自責反応が乏しい傾向は、感覚刺激を求める傾向と同居しやすい。感覚刺激を求める傾向は、周囲の人に積極的に接近し、親密な関

係にも巻き込んでいきやすいのだが、そうした傾向は、同時に自分を振り返る力が乏しい傾向と併存しやすいということになる。

自分を振り返る傾向が乏しいからこそ、大胆なアプローチができるともいえるが、そういったタイプの人と親密な関係になったときには、自分を省みない相手の行動に、戸惑う場面が増えることを覚悟しなければならない。

積極的に接近してくるタイプの人は、大胆な行動力と周囲を巻き込む魅力を備えていると言えるが、同時に反省や本当の思いやりという点では弱い傾向を抱えていることが多く、相手のアプローチに本気で応じていくと、突然、そっぽを向かれたり、梯子を外されたりということも起きるのである。その意味で、相手を振り回しやすいタイプだと言えるだろう。

さらに他責反応も加えて、分析した結果を示したのが、次ページのグラフである。おおむね、他責反応が強いパーソナリティ・タイプでは、自責が弱く、逆に自責が強いパーソナリティ・タイプでは、他責が弱いという傾向が認められる。

自己愛性、妄想性、演技性は他責反応に偏りやすい。自己愛性は、自己愛的怒りと呼ばれる反応で逆ギレしやすく、妄想性は、被害的に受け止め、過剰防衛に走りやすい。演技

パーソナリティと攻撃性の方向

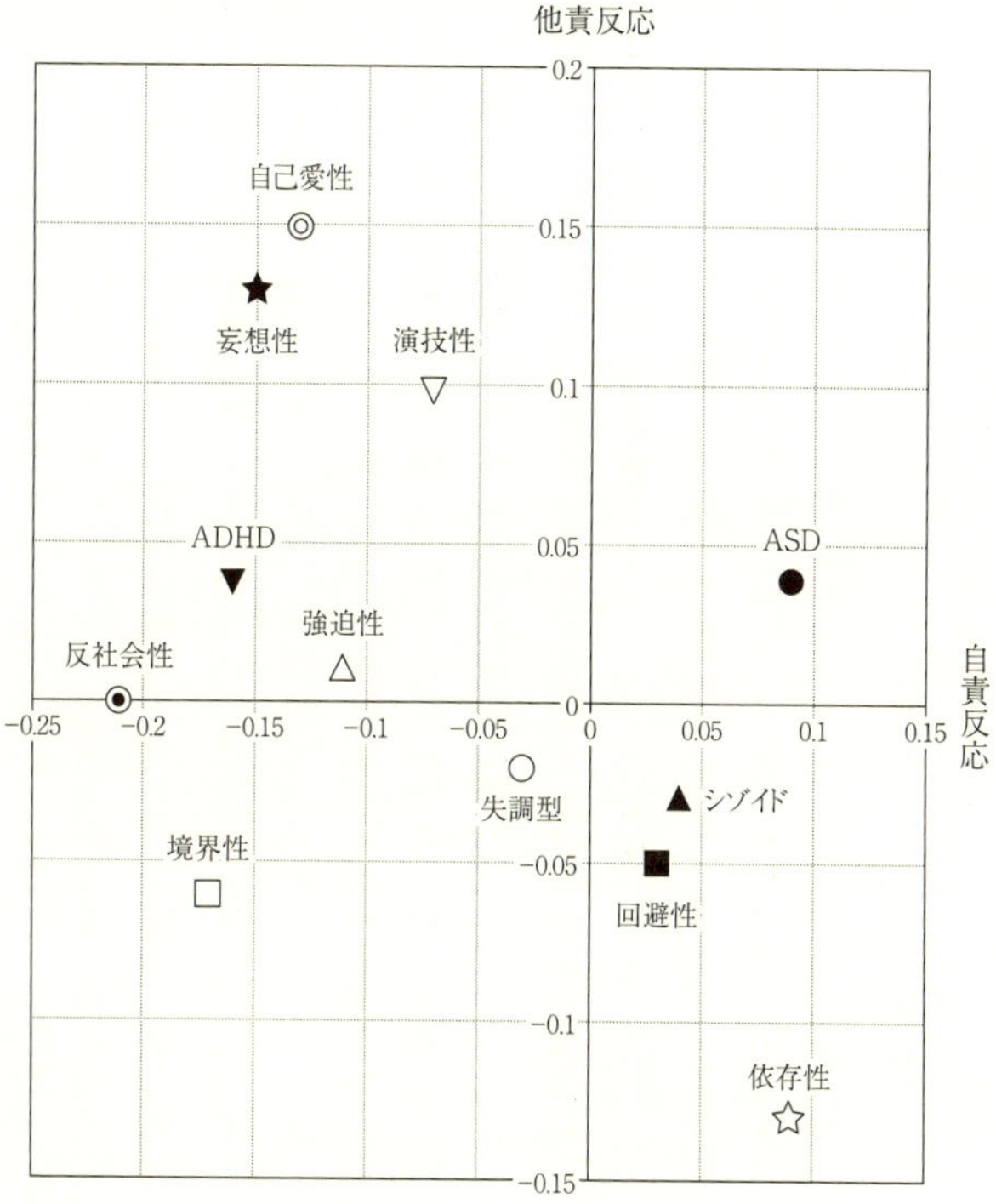

性も、意外に攻撃的な面を秘めている。

ＡＳＤは自責反応がやや多いものの、他責反応もやや多い傾向があり、中立的な反応が少なく両極端になりやすい。普段は相手に合わせて従順に振る舞うものの、ストレスが強まると、急に攻撃的になるといった傾向とも関係していると思われる。

境界性も矛盾した傾向が併存し、攻撃性の方向が外に向きやすいときと、自分に向きやすいときが両極端に現れる傾向が、反映されているのかもしれない。

自責反応は、必ずしも本心での反省を意味せず、むしろ身についた反応パターンと考えられるので、共感能力の高さとは必ずしも比例しない。

ちなみに、他責反応の多さは、社会適応と正の相関（相関係数r＝0.15）を示すが、幸福度とは負の相関（r＝-0.29）を示す。一方、自責反応の多さは、社会適応とは負の相関（r＝-0.14）を示すが、幸福度とは正の相関（r＝0.19）を示す。責任転嫁して、周囲に八つ当たりするというやり方は、外では通用しても、家庭では通用せず、自分を不幸にしているのかもしれない。ちなみに、幸福度ともっとも強い正の相関（r＝0.26）を示したのが、相手も自分も責めない無責反応である。つまり、誰も責めずに中立的に対処するのが、精神衛生的には最良の策なのかもしれない。

第四章

発達特性と対人距離

†発達特性と対人距離

近年、発達障害という言葉が一般にもよく知られるようになったが、発達障害は神経系の発達の偏りや遅れのため、生活に困難をきたした状態である。ただ、障害というほどではなくても、軽度の偏りを抱えている人は、相当な割合に上ると考えられる。ほとんど全員が、なんらかの偏りを抱えていると言っても過言ではないほどだ。それは、デメリットであるというよりも、むしろメリットとして働いてることも多い。人はそれぞれ個性や特性の違いをもつ。何らかの凸凹があるからこそ、世の中はうまく補い合えるのである。

ただ、偏りに対して自覚がないと、真っ直ぐ運転しているつもりでも、知らず知らず曲がってしまい、同じ失敗を繰り返すというようなことになる。生きづらさや相手と何か違うなとか、やりにくいなと感じるとき、しばしばそこに関係しているのは、発達特性の違いである。発達特性とは、その人が生まれて成長する過程で育んできた特性であり、ベースにある能力だともいえる。

一人で遊ぶのを好み、自分の頭の中で想像を広げるのが得意な人もいれば、友達と遊ぶのを好み、かかわりの中で楽しみをもつことに生きがいを感じる人もいる。子どものころ、どういう科目が得意かにも、その人の発達特性が反映されている。

たとえば、国語が好きだけど、算数の図形の問題が苦手だった人は、言語・聴覚的な能力の方が、視覚・空間的な能力よりも勝っているだろう。いわゆる五教科と呼ばれるお勉強科目が好きだった人と、体育や図工といった実技科目が好きだった人でも、特性の違いがある。後者は、動作性の能力が、言語性の能力よりも勝っているタイプである。

一口に知能といっても、さまざまな要素があり、七種類ぐらいの知能があるとする学者もいる。知能にも種類があるのだ。ただ、対人関係や社会適応を考える場合、そこまで細かく論じてもあまり意味がない。社会適応にもかかわる特性を知るうえで、一般的なのは、言語性と動作性にわけて知能を理解する理論である。言語性知能とは、言語を介して物事を理解したり、記憶したり、説明したりする能力である。言語には数字も含まれる。一方、動作性知能とは、目や手を使って、視覚情報から理解、判断したり、作業的な課題を行ったりする能力である。

両方がほぼ同じ人もいれば、どちらかが高く、どちらかが低い人もいる。癖がある人というのは、たいていどちらか一方が飛び出ていて、もう一方が凹んでいることが多い。

言語性知能ばかりが、突出して優位な人と、動作性知能の方が優れている人では、単に知的能力だけでなく、行動パターンや対人関係の持ち方も違ってくる。この人は、言語性優位な人か、動作性優位な人かを念頭におくだけでも、間違った対応を減らすことができる。

では、言語性優位な人と、動作性優位な人では、どういう行動パターンの違いがみられるのだろうか。

†言語性優位と動作性優位

言語性優位な人は、言葉だけで物事を考えようとする。理屈で納得できないと、行動にも移しにくい。つまり理性的である。ただ、頭でっかちになり、肝心な行動が伴わないという傾向もみられやすい。

このタイプの人との対人関係においては、言葉で理解し合うことがとても大切である。このタイプは、筋が通っていないことや理に反することには躊躇を感じ、たとえ無理をして行ったとしても、強いストレスを感じてしまう。

したがって、対人距離を縮めるのにも慎重である。ちゃんとした目的や理由がないと、相手に接近するということも、行動に移しにくい。したがって、このタイプの人にアプローチする場合には、接近する理由や大義名分を明確にし、相手が納得することがとても重要になる。

ただ何となく近づいて、親しそうに声をかけたり、いきなり贈り物をしたりというのでは、怪しまれるばかりだ。そうした理に合わないことをする人を、言語性優位な人は、「非常識な人」とみなしてしまいやすい。

ときにはそうした意表をついたアプローチが、意外性や非日常性を生み、新鮮な驚きにつながる場合もあるが、よほどうまく演出しないと、眉をひそめられて、おしまいということになってしまう。

それに対して、動作性優位な人は、言葉で考えて行動するということをしない。まず行動ありきなのである。したがって、目的や理由がはっきりしなくても、そのときの気分や思いつきで、行動を始める。

対人関係においても、その傾向がみられ、相手に受け入れられる理由や大義名分など関係なしに、電話をかけてきたり誘ってきたりする。ちょっと困るなと相手は思いつつも、意表をつかれて応じてしまうこともある。

言語性知能も動作性知能も、うまく社会生活を送るためには、どちらも必要なのである

社会適応にプラスに関係する要因

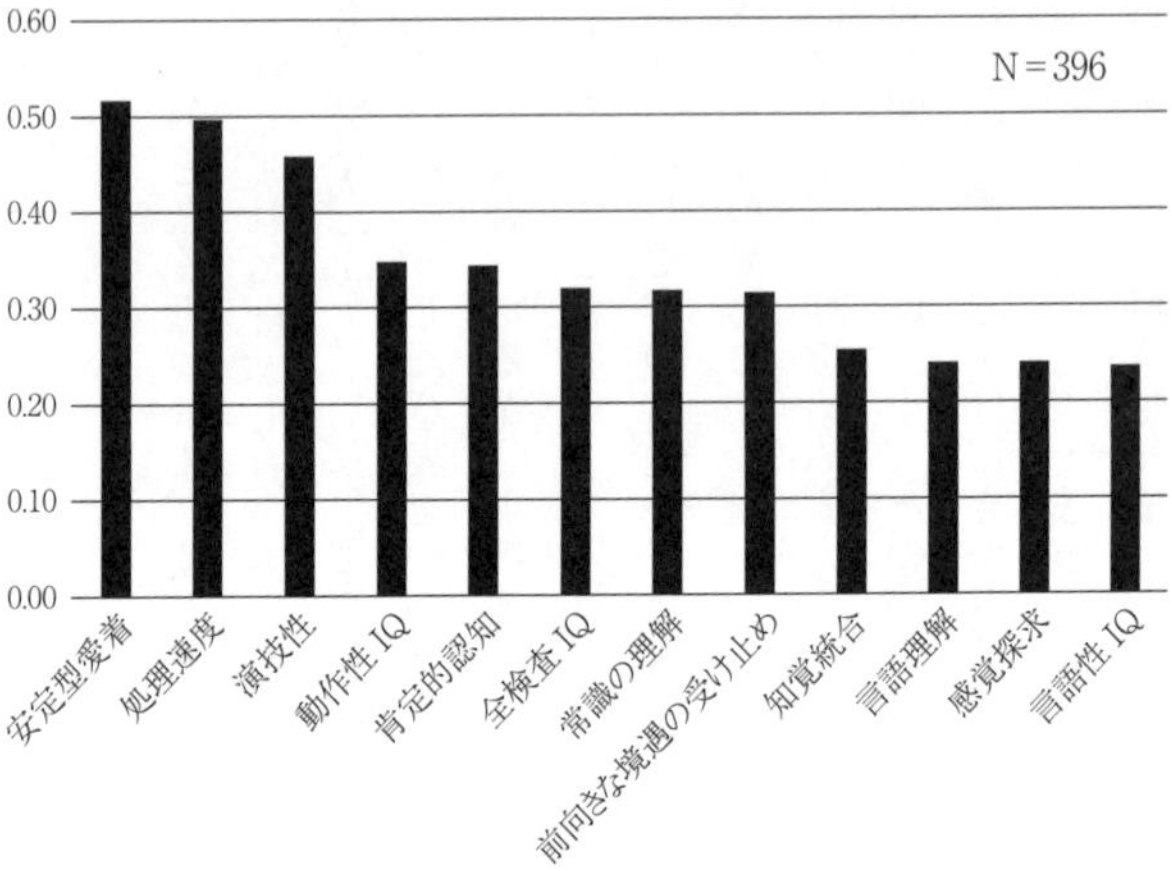

が、良好な社会適応には、どちらがより重要なのだろうか。

上のグラフは、筆者が行った心理検査や質問紙検査の数百に上る項目と、本人がどれくらいうまく社会適応できていると感じているかとの関係が強いものから順に並べたものである。

もっとも相関が強かったのは、安定型愛着で、相関係数は、〇・五二であった。動作性知能指数である動作性ＩＱは四番目で、〇・三五、一方、言語性ＩＱは、〇・二四であった。つまり、動作性ＩＱの方が、社会適応がうまくいっていることと、強い結びつきを示したのである。

動作性ＩＱが高い人は、物事をてきぱきと

こなしたり、状況を素早く読み取ったりする能力が優れているので、こうしたことが社会でうまくやっていくうえでは、より役に立つのだろう。

つまり、慎重に理屈で考えて行動することもある程度大事だが、行動することはより大切だと言えるのかもしれない。

†処理速度と対人特性

近年では、言語性と動作性の二つの軸でみるのではなく、さらに、もう少し細かく四つの能力に分けて、四軸で、その人の発達特性をみることが一般的になっている。四つの能力とは、「言語理解」「知覚統合」「作動記憶（ワーキングメモリー）」、「処理速度」で、IQと同じように標準化された指数（平均が一〇〇、標準偏差が一五）として表される。

先ほどのグラフで、社会適応との正の相関が二番目に強い「処理速度」も、その一つである。処理速度は、比較的単純な作業を、素早く正確に遂行する能力である。それほど難しいことをすることよりも、単純な繰り返しを、どれだけスピーディーに正確にこなせるかが、社会適応のしやすさを大いに左右していたのである。処理速度と社会適応の相関は、〇・五〇であった。

実際、こうしたことは、現実のケースでもよく経験することである。

ある印象的な二つのケースでいえば、一人の男性は、IQが一二〇ほどで、言語性IQと動作性IQもほぼ同じくらいであった。もう一人の男性は、IQが一三〇を超え、言語性IQは一四〇、低い方の動作性IQでも一二〇台であった。

ところが、二人の現状は、大きく異なっていた。前者は、現役の内科医で、専門医として活躍していた。一方、後者は、ゲーム依存になり、二十年近く引きこもりの生活をしていた。知能だけを見れば、明らかに後者の方が優れていると言える。ただ、一つだけ大きく違う指数があった。それが処理速度である。前者の男性は、処理速度が一二〇を上回っているのに対して、後者の男性は、一〇〇をわずかに下回っていたのである。ほかの能力は非常に高いのに、処理速度だけ平均レベルしかなかったのである。

それでも、平均レベルにはあるのだが、発達特性では、その人の中でのバランスが、数値の大きさに劣らず重要とされる。この人にとっては、処理速度だけが他と比較して低かったため、ほかの能力をうまく活かせず、学業や仕事での思わぬ失敗にもつながり、自信喪失から引きこもりに陥ったものと推測される。

処理速度といったベーシックな能力が、意外に社会適応や行動パターン、さらにはパー

パーソナリティ傾向と処理速度

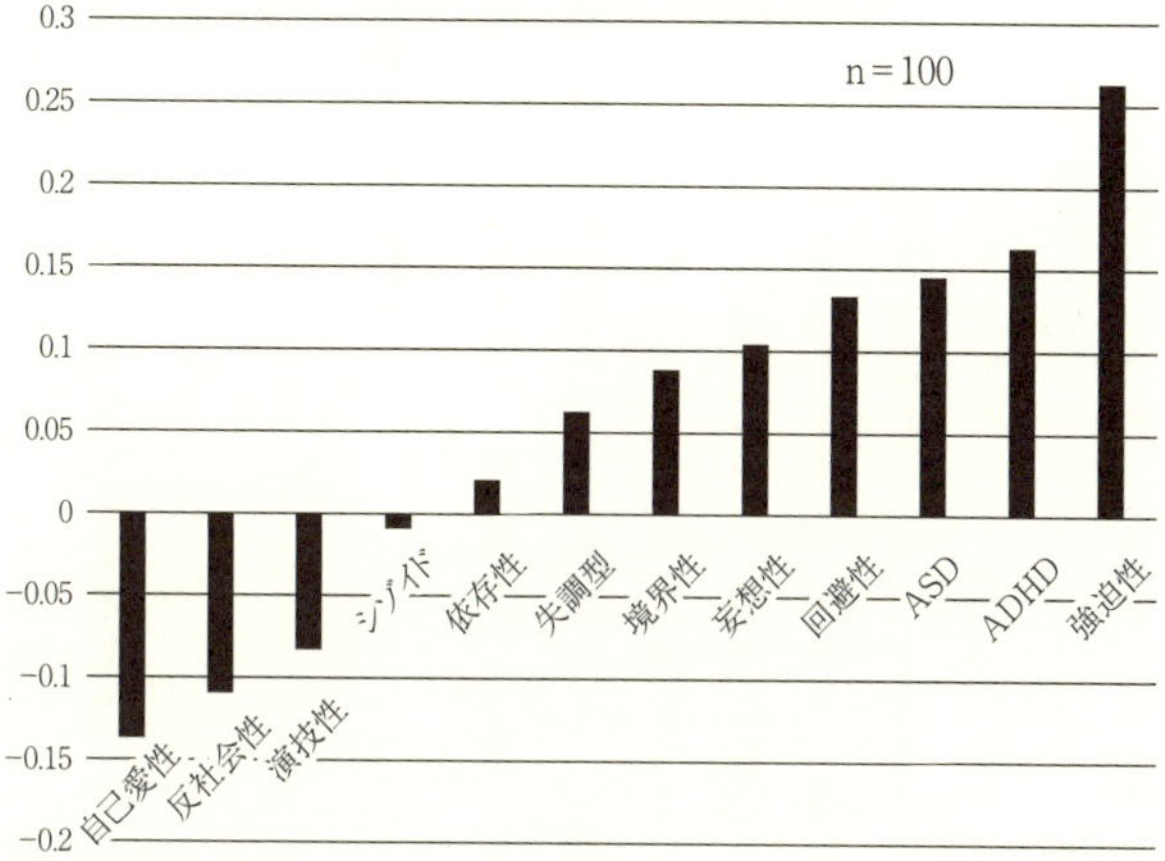

ソナリティといったその人のトータルな特性に影響しているのである。

上のグラフは、各パーソナリティ・タイプのスコアと、処理速度の相関がどれくらいあるかを、示したものである。

もっとも処理速度との相関が強かったのは、強迫性パーソナリティである。強迫性パーソナリティは、真面目で、責任感の強い努力家で、「ねばならない」という義務感で動くタイプである。職場においては、もっとも頼りになる、優れた実務家であることが多いが、優れた処理速度に裏打ちされたものだと言える。

逆に、もっとも強い負の相関を見せたのが、自己愛性パーソナリティである。自己愛性の人は押しの強い自信家で、誇大な理想や願望を抱き、自分を特別な人間と空想する傾向がある。ただ、この結果から見る限り、実務面では弱点を抱え、足元の弱さがみられるということになろう。頭でっかちで、口ばかりになってしまわないように、気をつけた方がよさそうだ。

†知覚統合と対人特性

四つの指数の中で、社会適応との相関が次に強いのが、知覚統合であった。知覚統合とは視覚情報から意味を読み取ったり、再構成したり、予測したりする能力である。言語化されていない絵や図を用いて、さまざまな課題を行うことで測定される。

知覚統合は、蓄積された知識や言語的な操作の能力ではなく、イメージを操作したり、イメージで考えたりする能力であり、理数的な能力や設計的な能力とも関係が深い。つまり、理工系の人では必須の能力と言える。高度な数学や物理を理解したり、図面から製品を思い浮かべたりするためには不可欠である。また、絵を描くうまさには関係しないが、アニメの場面を構成したり、ストーリーを考えたりすることには関係してくる。相手の動きや状況の変化を予測しながら作戦を考えるといった戦略的思考にも必要である。

パーソナリティ傾向と知覚統合

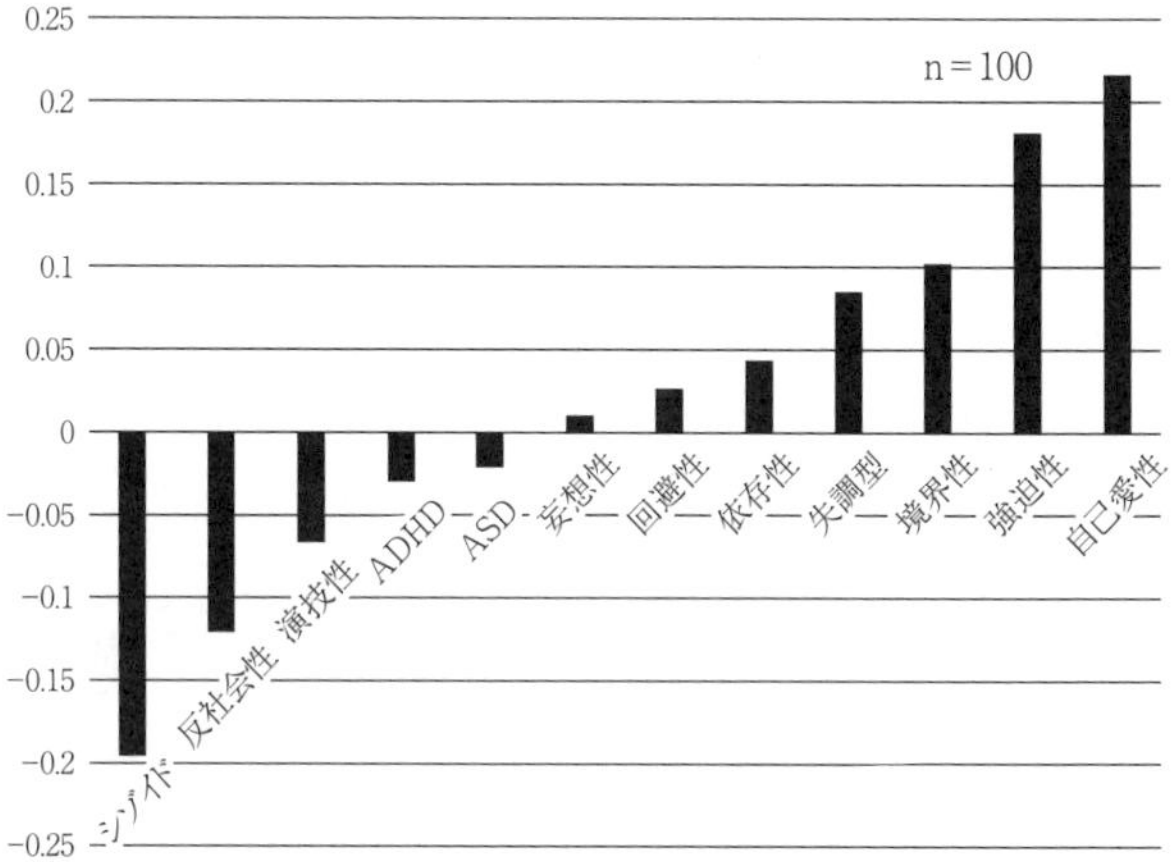

知覚統合が、言語を操る能力である言語理解よりも、社会適応に関係しているのは、この能力が、情に流されず、状況を客観的に見る能力とかかわりが深いからだろう。

社会でうまくやっていくためには、どれだけ巧みに言葉が操られるかとか、理屈を組み立てられるかということ以上に、状況の意味を冷静に読み取る状況判断力が求められると考えられる。四つの指数の中で、幸福度と、もっとも強い結びつきを示したのも、知覚統合であった。

上のグラフは、パーソナリティ傾向と知覚統合の相関の強さをみたものである。驚いたことに、知覚統合ともっとも相関が強かったのは、自己愛性パーソナリティの傾向であった。自己愛性の人は、打算的に他人を利用する傾向があるとされるが、高い知覚統合によって状況を、情に流されず、冷徹に分析する能力を備えているからこそ、戦略的に、ずる賢く立ち回れるのかもしれない。

一方、知覚統合ともっとも強い負の相関を示したのは、シゾイドパーソナリティであった。世知に疎く、世捨て人のような生き方を好むシゾイドパーソナリティの人は、状況を判断することに、そもそも関心がないため、うまく立ち回ることができないのかもしれない。

†言語理解と対人特性

言語理解は、言葉の意味を理解したり、知識を獲得したり、言葉で説明したりする言語的な能力である。言語理解が高い人は、抽象的な理屈で考えたりすることも得意であり、概して理詰めで考え、理屈っぽい傾向がある。言葉で理解し、納得するということが重要になる。

言語理解との相関が強いパーソナリティのタイプには、強迫性、自己愛性、境界性、妄想性などがあり、これらのタイプでは、言葉で理解し納得することが、ある程度重視されることになる。

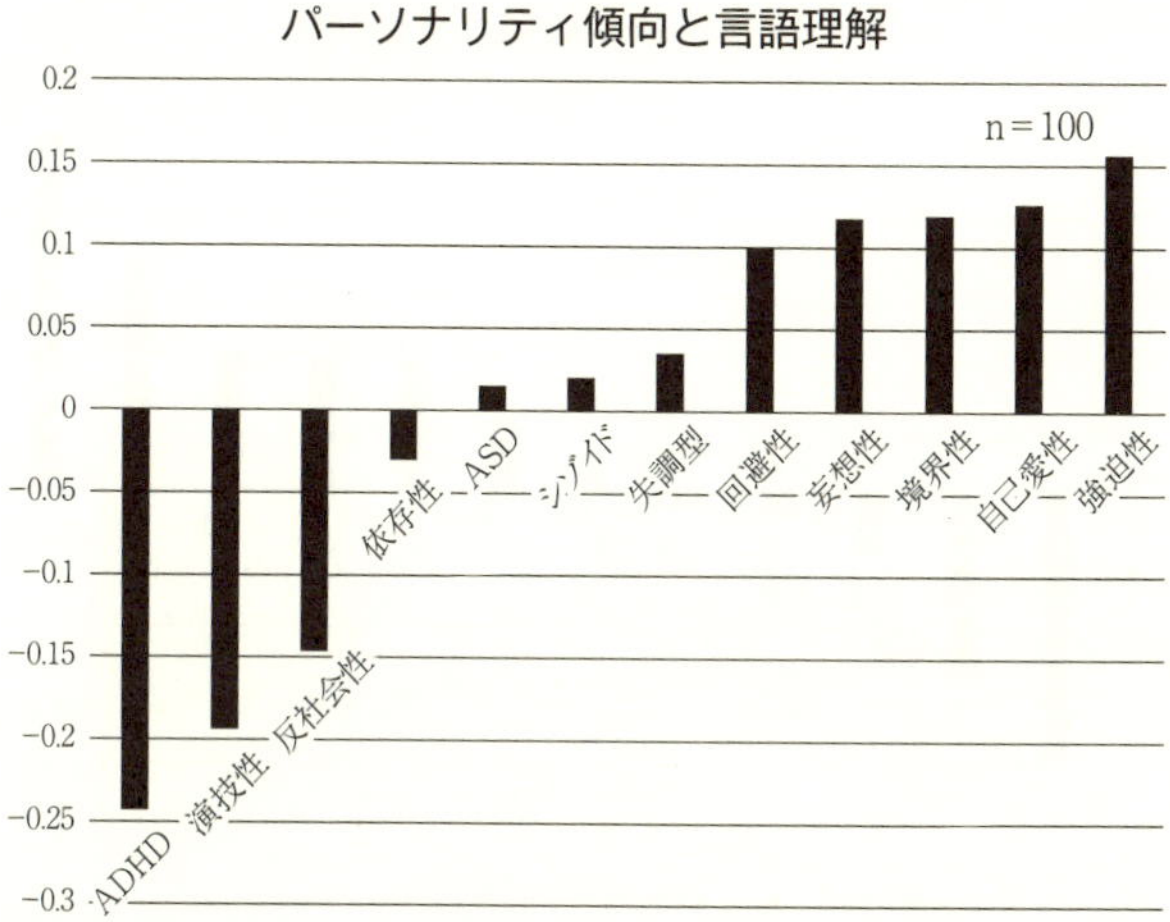

一方、言語理解との負の相関が強いADHDや演技性、反社会性などのタイプは、言葉の理屈よりも、行動を重視すると言える。言語性優位か動作性優位かの違いは、言語理解が優位か劣位かという違いにほぼ相当する。

†作動記憶と対人特性

作動記憶は、耳で聴きとった音声や言葉を短時間の間、記憶にとどめておくメモ的な記憶の能力である。作動記憶が優れていることは、聞き取りに強くなるための必要条件である。また、少し込み入った思考を頭の中で行う場合にも、難しい話を理解しながら聞くためにも、作動記憶が必要である。作動記憶が低いと、講義形式の学習においては、非常に

パーソナリティ傾向と作動記憶

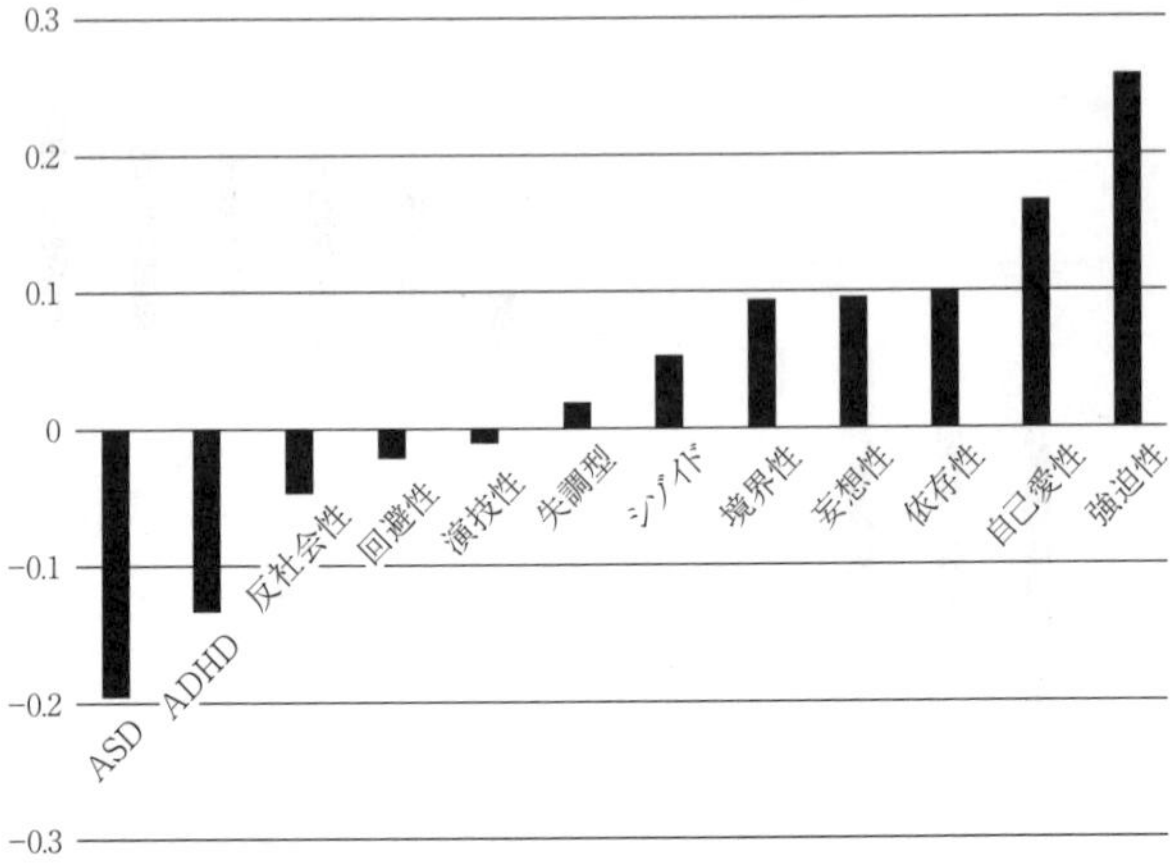

不利になる。

上のグラフに示されるように、作動記憶が優れているのは、強迫性や自己愛性のタイプで、逆にASDやADHDは、概して低い傾向がある。作動記憶は、聴覚的な情報処理の良い指標でもあり、この能力の高い人は講義形式の授業が向いているし、低い人は、本を読んで独学する方が、能率が良いことが多い。作動記憶が低いと、会話において、聞き返しが多くなったり、内容が聞き取れなかったりして、スムーズなコミュニケーションが妨げられやすい。対人関係をそつなくやっていくためにも、作動記憶は重要なのである。作動記憶が弱い人は、表にたたず、裏方に回るのが無難であろう。

第五章
対人距離がとれないタイプ

これまでの章で、対人距離を初めとする対人特性と、パーソナリティ、愛着、感覚、発達の特性との関係を見てきた。ここからは、そうした理解をベースに、対人距離が近くなりやすいタイプや距離がうまくとれない代表的なタイプについて、その特性や魅力、危険な落とし穴について理解を深めていきたい。

(1) 脱抑制型愛着障害（脱抑制型対人交流障害）

距離が近すぎる状態がもっとも顕著に、もっとも典型的にみられる状態が、脱抑制型愛着障害である。脱抑制型対人交流障害という言い方も用いられる。

愛着とは、元来、特定の養育者との特別な関係であり、ほかの人では替えがきかないという点に大きな特徴をもつ。ところが、愛着形成につまずくと、特定の人にだけ心を許すのではなく、誰に対してでも懐いていこうとする状態がみられる。これが、脱抑制型愛着障害である。

親がいなくなって施設に預けられたり、虐待を受けたりしている子どもに認められる例外的な状態と考えられていたが、最近の研究では、一般の家庭にもこうした特徴を示す子どもが少なからずいて、その割合は六〜十一歳の児童の六パーセントにも上ったという報告もある。(5)

脱抑制型愛着障害の特徴としては、次のような点が挙げられる。

① 初対面の人に対して、馴れ馴れしくふるまう。人見知りがなく、誰にでも接近したり話しかけたりする。いきなりプライベートな質問をしたり、相手構わず、抱かれようとしたり、膝の上に乗ったりする。

② 気持ちや欲求のままに行動してしまう。多弁で、思ったことをすぐに口に出してしまう。感情の起伏が激しく、気まぐれである。じっとしているより、飛び跳ねたり歩き回るのを好む。目を離すと、すぐにどこかにいなくなってしまう。

③ 気を惹こうとする行動が目立つ。愛情や関心を得ようと、ふざけたり、おどけたりする。大げさな話や作り話をする。かまってもらうことを過度に求める。

それ以外にも、空想にふける、気移りしやすい、癇癪《かんしゃく》を起こす、頑固になる、困らせる行動をするなども、しばしばみられる。

このうち、脱抑制型愛着障害と診断する要件となるのは、①の見境のない馴れ馴れしさであるが、②や③以下の特徴を併せ持っていることが多い。

脱抑制型愛着障害に特徴的とされる、相手かまわずに接近したり、馴れ馴れしく話しかけるという症状は、言い換えると必要な距離が保てないということでもあるが、さらにその根底にある障害は、自分が本来頼っていい相手と、そうでない相手の見分けがつかないということでもある。

特定の愛着対象との関係が、十分形成されなかった結果、あるいは、一人の愛着対象からだけでは得られない関わりや愛情を補おうとして、そうした行動パターンをとるものと考えられる。

†アルプスの少女ハイジは、なぜ愛されるのか

脱抑制型愛着障害というと、一般の人には縁遠いものに思えるかもしれないが、実は、こうしたタイプの子どもは、案外身近にいるのである。「障害」とつくと、否定的なものになってしまうが、このタイプの子どもには、周囲の人の心を奪う魅力がある。

アニメ版で、いっそう親しまれることになった『アルプスの少女ハイジ』は、いまも感

動を与え続けている。作品としての魅力とともに、ハイジというキャラクターに、読者や視聴者も、そして作中の登場人物たちも惹かれ、心を動かされる。

そのことが、もっとも象徴されているのが、村人と険悪な関係になり、孤立して山の小屋で暮らしているおじいさん（アルムおんじ）とハイジとの関係である。おじいさんのもとにやってきたハイジが、頑なに閉ざされていたおじいさんの心を開き、ハイジの優しい庇護者にしてしまっただけでなく、おじいさんの他人に対する態度さえも、少しずつ変えていったのである。ハイジはおじいさんに対してどういう作用を及ぼしたのか。

孤児となり、面倒を見る人もなく、厄介者となったハイジを、叔母は、おじいさんの山小屋に連れてくると、半ば置き去りにして帰ってしまう。取り残されたハイジを、おじいさんは仕方なく面倒をみることになったのだが、ハイジの何かがおじいさんの心を開いていく。

その魔法をなしえた不思議な力とは。それは、ハイジがつゆ疑うことなく、おじいさんが自分を受け入れてくれると信じ、村人のように彼を恐れることなく、甘えようとしたことである。また、天真爛漫な快活さや思ったことをありのままに話す無邪気さに、おじいさんは心を洗われていったのである。

これは、もちろんハイジという少女に特別に備わった天性の部分もあっただろうが、実は、孤児となった子や親をもたない子の一部に、よくみられる特性でもあるのだ。ハイジが安定した愛着を叔母との間に形成していたならば、叔母に置いていかれたとわかったとき、そんなふうに無警戒に見知らぬおじいさんに近づいていけただろうか。叔母を求めて泣き叫び、おじいさんの手を焼かせ、そばには寄せ付けず、食事も取ろうとしなかったかもしれない。

だが、実際のハイジは人見知りもせず、自分のことを歓迎していない陰気なおじいさんに対しても、近寄りがたいものを感じることもなく、庇護を求め、すんなりと馴染んでいった。

それこそが、自分の親や家をもたずに育った者が、生き延びるために身につけた脱抑制型の愛着ゆえの反応なのである。誰であれ、どこであれ、自分を受け入れてくれると思い込み、当たり前のように甘えようとすることで、相手も知らず知らず保護せずにはいられない気持ちにさせられていく。

愛着とは相互的な現象である。何も疑わずに愛着してくる者に対して、見捨てられないという気持ち、つまり愛着が生まれるのだ。世話を求めてくる者に、仕方なく世話を与えているうちに、特別に可愛い存在となり、その存在のない生活など考えられないようになっていく。

三年後、おじいさんの身に起きたことは、まさにそうした事態だった。突然、叔母さんがハイジを迎えに来ると、強引にフランクフルトに連れ去ったのである。おじいさんは、「もうハイジは戻ってこない」と悲嘆に暮れるのだった。

だが、ハイジは、三年前のハイジではなくなっていた。おじいさんやアルプスでの生活に強い愛着を持つようになっていた。それは、おじいさんとの暮らしの中で、脱抑制型愛着障害から回復を遂げたということでもあっただろう。もし、そのままハイジがフランクフルトから、おじいさんのもとに戻れなかったとしたら、再び脱愛着が起き、ハイジは、どんなつながりも心の底から信じることができなくなっていたかもしれない。

幸いなことに、ハイジの心の中で起きていることに気づいた医師の助言によって、ハイジはアルプスに戻されることになる。

多くの人が、幼い少女のドラマに引き込まれてしまうのは、それが人間にとってもっとも普遍的で、もっとも根本にかかわる愛着の破壊と回復のドラマだからでもある。

†『赤毛のアン』の魅力

ハイジの他にも、このタイプの主人公は多くの人の心をつかんできた。モンゴメリーの名作『赤毛のアン』に描かれたアン・シャーリーにも、脱抑制型愛着障害の特徴がみられるが、それは、アンの魅力と不可分なものとなっている。孤児院にいたアンを男の子と間違えて引き取ったマシューとマリラの兄妹も、相手の懐に飛び込んでいくアンの天真爛漫さや軽やかさに、少し意表をつかれながらも、いつしかその可愛さの虜《とりこ》になっていく。自分がその家の子どもになれると信じて疑わないアンのはしゃぎぶりに、最初に心を捉えられたのは、兄のマシューの方だった。妹のマリラの方は、しゃべりっぱなしの女の子を、騒々しいと不快に感じ、その女の子に肩入れしようとしている兄に対して、「魔法にかけられた」と揶揄《やゆ》する。しかし、やがて、そのマリラも、アンを手放せなくなっていく。

多弁で、思いついたことをあけすけにしゃべり続け、相手の気持ちに関係なく、喜怒哀楽を過剰なまでに表現し、相手を巻き込んでいくことは、孤児となって施設で暮らさなければならなかったアンが、生きていくために、知らず知らず身に付けた振る舞い方だっただろうが、かかわった者を、救いの手を差し伸べずにはいられない気持ちにさせてしまう。

脱抑制型愛着障害は、アンのように親以外の養育者に育てられたケースや施設で育った子ども、虐待を受けた子どもにも、高い頻度で認められる。

五歳までに始まるとされるが、その後も、特徴的な対人パターンがかなり長期にわたって持続する。大人となっても、その傾向は残り、距離が保てず、親密な関係になりすぎてしまう傾向や一人の人との愛着関係に執着が薄い傾向がみられる。

(2) 演技性パーソナリティ

演技性パーソナリティは、注目されることへの欲求が強く、周囲の関心を惹こうとして、ときには常識的な行動から逸脱してしまうのを特徴とする。たとえば、過度にべたべたした態度とか、性的な魅力を過度に強調した振る舞いとか、突飛で目を奪う行動とか、病気の症状を装うこととか、自分を特別に見せる空想的な虚言や、悲劇のヒロインに思わせる作り話などがみられることもある。

出会ったばかりなのに、馴れ馴れしく近づいてきて、実際以上に親密そうに振る舞うというのも、一つの特徴とされる。相手の体をさりげなく触ったり、相手が自分の体に触れるようにもっていったりすることも、しばしばみられる。ペースにはまると、いつの間にか、以前から知り合いだったように、懐に入られているということも起きる。

こうした特徴からも、距離が近づきすぎやすいタイプの典型だと言える。度が過ぎている場合には、支障になることもあるが、ほどよく演技性の傾向をもつことは、むしろ魅力になるし、実際、一緒にいて楽しいと感じさせる長所である。

相手が消極的なタイプであろうと、自分からアプローチして関係を作り、チャンスを広げていくことができる。今日のように自己主張や自己表現が求められる時代にあっては、演技性の傾向は、高く評価される美質である。社会で活躍するためには、演技性の傾向をほどよく持つことは、むしろ成功の条件だともいえるし、プライベートな関係においても、愛されることに大いに役立つのである。

ただ、病的な演技性は、信頼関係を壊し、自己の尊厳を貶《おとし》めてまで、注目や関心を求めてしまうところがある。自分の性的なトラウマを打ち明けたり、かつての恋人にどんなふうに愛されたかといったことを赤裸々に話すことで、相手にショックを与えるとともに、間接的な挑発をしてくることもある。それは意図的というよりも、このタイプの人の一つの行動パターンとして無意識に行われていることが多い。

またこのタイプの人は外見にばかり重きを置いて、中身に欠け、空疎になりやすい。性的な魅力で迫ってきたり、気を持たせて誘惑したりするが、本気で愛しているわけではなく、相手がその気になると、気まぐれに拒否したりする。ペースにはまると、心をかき乱されたり、その魅力に幻惑されたりすることになるが、相手を客観的にみる人には、その魔術が通用せず、大げさで、少し非常識で、芝居がかった自己アピールの強い人と受け止められ、冷ややかな反応しか返ってこないこともある。そういうときは種を見破られた手品師のようなもので、赤恥をかかされたように感じ、怒りを露わにして立ち去っていく。

ただ、このタイプの人のそうした振る舞いに対して、あまり冷ややかに突き放した態度で応じることは、怒りや恨みを買い、ときには、あることないことを言いふらされるという形で逆襲を受けることにもなる。

このタイプの人は騒ぎ立てる名人だとも言え、敵に回すと少々厄介なことが多い。このタイプの人が自分から接近してきた場合でも、言い方を一つ間違えると、セクハラ行為を受けたという言いがかりをつけられるということも起こり得る。いつのまにか、こちらが大変な悪党にされてしまいかねない。

そうしたことを防ぐためにも、誘惑や接近に応じない場合も、プライドを傷つけないように配慮するとともに、常にそうしたリスクが潜在することを念頭に置きながら、慎重に言動・行動をとる必要がある。

†私生児から大統領夫人に這い上がったエビータ

その生涯が映画にもなった伝説の女性エビータ（アルゼンチンの元大統領フアン・ペロンの夫人エバ・ペロンの愛称）は、アルゼンチンの片田舎に、愛人の子、つまり私生児として生まれた。当時の因習的なアルゼンチンでは、私生児として生きていくことは、つらい経験であった。周りの子どもたちも差別して、エビータきょうだいとは一緒に遊ぼうとしなかったのである。父親が亡くなったとき、葬儀に私生児の子どもたちが駆けつけても、屋敷の中にも入れてもらえなかったという。(6)

金づるを失った母親が、四人の子どもたちを養うためには、生活の面倒を見てくれる新たな愛人を見つけるしかなかった。(7) そうした養育環境の中で、エビータは、男の関心を惹くことで、生活の糧を手に入れるという術を自然に身に付けていった。

ただ、子どもの頃のエビータは内気な性格で、特別な美貌にも才能にも恵まれているようには見えなかったという。ところが、十三歳のとき、一つの転機が訪れる。学芸会で「学生たちよ、立ち上がれ」という劇に出演し、演劇に目覚めるとともに、この町から脱出して女優になり、成功することを夢見るようになったのだ。女優になるためには首都ブエノスアイレスに出なければならないが、汽車賃さえ持たない田舎娘に手の届くことではなかった。(8)

だが、エビータは、不可能を可能に変えるマジックを使う。魔法の杖は、男を思い通りにすることであった。ブエノスアイレスから地方に講演に来ていたタンゴ歌手の楽屋に、友達の計らいで忍び込むと、彼を待ち受け、たちまちその心を虜にしてしまったのである。翌日には、エビータは、タンゴ歌手とともに、ブエノスアイレスに向かっていた。

成功の階段を上れるか、奈落に落ちていくかはわからないが、目的を成し遂げるために、エビータは躊躇なく行動することを選んだ。ブエノスアイレスにたどり着き、男の世話でどうにか暮らし始めるが、それで満足するエビータではなかった。すぐに別の俳優とねんごろになると、その男の紹介で、女優の仕事にもありつく。こうして夢を一つずつ実現していったのである。

こうした成功体験が、男を動かせば何でも手に入れることができるという確信を、エビータにいだかせたに違いない。あるいはその確信は、男の気を惹き、思い通りに操ることでしか、自分には何も成し遂げられないのだという、母親から受け継いだ処世術によるものでもあっただろう。

†人生で得する演技性の能力

十のパーソナリティ・タイプのうち、社会適応とも幸福と感じていることとも、もっとも強く、かつ統計学的に有意な相関を示したのは、演技性の傾向であった。演技性の傾向は、好感度や楽観性、人は自分に優しくしてくれると信じていることとも、有意な相関を示した。

また、感覚探求が強い一方で、感覚過敏や感覚回避が弱く、新しい刺激を恐れることなく求め、楽しむ傾向がはっきりと認められる。

その一方で、言語性IQや動作性IQとは負の相関を示し、知的能力は抜きんでているというよりも、むしろ平均を下回る傾向がみられる。利発さにおいても、実務能力においても、さほど優秀というわけではないのだが、人に好かれ、人をうまく動かしていく能力によって、自分の力をはるかに超えることも成し遂げ、幸福をつかんでしまうのである。演技性の能力こそ、まさに恐るべしである。

エビータの成功は、単なる幸運によるものではなく、彼女が単に頭が良いとか、美人であるといったことを超えた、別の卓越した能力によるものだったのである。

†欲望と欠乏が生む悪の華

演技性の特性は、女性の専売特許という訳ではない。性差は認められず、男性においても、演技性の特性を持つ人は同じくらいいる。演技性の能力を活用し、指導者として、営業や教育のプロフェッショナルとして成功を手に入れる人もいれば、演技性の才能を悪用し、異性を騙したり、詐欺を働いたり、嘘で固めたような人生を歩んでしまう人もいる。同じ能力も使い方次第であり、どう生かされるかにかかっているが、自己アピールが重視される現代社会では、男性もまた演技性の能力を求められるようになっていると言える。

演技性の傾向は、遺伝的な体質も半分くらいあるが、半分くらいは環境要因によるとされる。相手を惹きつける演技性の能力は、完全に満たされた環境からは、なかなか生まれない。演技性を育むのにもってこいの境遇は、性の匂いのする華やかさと愛情の欠乏が入り交じっているような生活で、演技性の能力とは、そのバランスの悪さが咲かせる「悪の華」なのかもしれない。

†ルソーと虚言癖

演技性の能力をいかんなく発揮して、浮浪児同然の身の上から偉大な思想家、著述家として成功をつかんだジャン＝ジャック・ルソーの場合も、その境遇は根本的な欠落を抱えたものであった。

ルソーの母親はルソーを産み落とすと、すぐに亡くなった。スイスの時計職人だった父親は、母親の命と引き替えに遺された息子を溺愛した。だが、母親の愛情をすべて補えるわけではなく、幼い頃からルソーには、愛着障害の子どもに特有のさまざまな問題が現れるようになった。ひどいいたずらや盗み、そして嘘である。後には、露出症やマゾヒズムといった性的倒錯も加わったが、盗癖と虚言癖も、ルソーが成長した後まで続くことになる。

ルソーの異常な一面について、二百四十年も前に亡くなった人物であるにもかかわらず、つぶさに知ることができるのは、彼自身が書き残した驚くべき懺悔の書、『告白録』にすべて明かされているからである。この『告白録』は、大変面白く、若い頃に、私は何度も読み返した。これほど人生の不可思議な真実が詰まった本も少ないだろう。

その前半は、ことに魅力的で、夢中になって読んだものだ。徒弟奉公も投げ出して、父親からも見放され、とうとう一文無しの浮浪児になってしまったというのに、驚くべき才能を発揮して、貴族の夫人の館に住むことを許され、立派な教育も受けさせてもらい、学者として一人前になっていくという人生の逆転劇に息をのむような興奮を味わったからである。

当時私は、貧乏な学生で、物売りのアルバイトをしながら、喫茶店や公園のベンチで仕事をさぼって、この本を読んでいたが、自分も同じように、いつか逆境から抜け出すことを夢見ていた。ルソーの姿に自分を重ね、その知恵と勇気にあやかろうとしていた。

とても立派とは言えない、恥ずかしい失敗に満ちた人生でも、たくましく生き延びていけるということ、そして、名をなし、偉大な業績を成し遂げられるということに、大きな希望を感じたものである。

では、ルソーはどのようにして、貴婦人の愛顧を手に入れ、その支援を引き出すことができたのか。ルソーがもっとも世話になった貴婦人は、ヴァラン夫人といい、初めて出会ったとき、少年ルソーは十六歳、ヴァラン夫人は二十八歳であった。誰からの紹介もなく、突然やってきた薄汚れた流浪の少年が、貴婦人と面談できたというだけでも、難しい関門をクリアしなければならなかったし、そこには幸運な偶然も味方になってくれたのであろうが、ヴァラン夫人が訪れてきた少年ルソーの姿を窓越しに見て、そのまま追い返す気にはなれず、会ってみようという気になった何かがあったのだ。

ルソーのまだ幼い顔立ちや、どこか憐れを催す風貌や物腰も、重要な作用を及ぼしたであろう。それは、母親を持たずに育ち、周囲の同情にすがるしか生き延びる術がない境遇の子どもだけが手に入れられる何かだったのかもしれない。

ここで決定的な作用をしたのが、ヴァラン夫人もまた、幼い時に母親を亡くしていたということであり、また、夫人とは名ばかりで、現実には夫に捨てられ、若い身空で、寂しく暮らしていたということも与《あずか》っただろう。会ってしまったが最後、ルソーが語る身の上話に心を動かしたヴァラン夫人は、追い返すことなど到底できなくなり、自分がこの子を助けるしかないと思うようになったのである。その後、紆余曲折はあったが、ヴァラン夫人の愛情と後援を手に入れたことでルソーは、知識人として身を立てるために必要なすべてを身につけ、その後の人生を開くことになるのである。

高等教育など一切受けていないルソーが、論文を書いてフランスで最優秀賞を受賞できたのも、著述家としてよりも先に、オペラの作曲家として世に出ることができたのも、愛人でもあり、母親代わりでもあったヴァラン夫人の助力があったからこそ、なしえたことなのである。もちろんルソーに才能があったから、それも可能になったのだが、それ以前に、後援者の愛顧を手に入れる能力に恵まれていなければ、彼は彼の兄同様、家出したまま、貧困と犯罪が渦巻く社会の闇に消えていただろう。

†愛されるという確信

演技性や自己愛性の人にみられる積極的な愛着行動に基盤を与えているのは、強い愛着期待、つまり愛されるという確信に近い期待である。ルソーが見知らぬ夫人の館を訪ね、身の上話を語ったのも、自分が受け入れられ、愛してもらえるに違いないという期待と思い込みがあったからできたことだと言える。エビータの場合も、歌手の楽屋に侵入するという挙に出たのは、楽観的な期待があったからに違いない。

愛されるという確信がなければ、堂々と相手にアプローチするということは難しい。受け入れてもらうことを当然のことのようにみなしているから、思いっきり飛び込んでいくことも、馴れ馴れしく近づいていくこともできるのである。

自信のなさや内気さが魅力になることもあるが、そもそもアプローチそのものがなされなければ、相手の目にとまることもない。相手が関心を向けるきっかけを作るためには、何らかの接近行動が必要である。それを意図的に、明確な期待をもって行うことで、相手が期待通りに反応したとき、はじめて自分の望みを叶えることができるのである。

つまり、このタイプの人にとって、相手に接近をするということは、オーディションを受けるようなものである。オーディションを受けなければ、何も始まらないが、オーディションに合格し、相手の気持ちを手に入れる経験を積む中で、自分なら相手の心を動かし、思うようにできるという自信を育んでいく。そして、愛されるという自信が、また積極的に意中の人に接近し、相手を陥落させ、味方につけるという行動を、より確信に満ちたものにする。

つまり、演技性パーソナリティが育まれていくためには、自分は望む人の気持ちを手に入れられるという成功体験をすることが前提になる。実際、演技性の人では、必ずそういった体験が見いだされる。

幼い頃に、母親には愛されなかった女性が、異性の父親からはとても愛され、しかもその愛され方が、一人の女性に対するような愛され方で、父親の愛情を受けることが、本人の自信を支えていたという背景は典型的なものである。

また、家庭ではまったく顧みられず、地味で内気な存在だったのが、生活の必要から水商売のバイトをするようになると、急に男たちからちやほやされ、自分の女性としての魅力によって、初めて自分の価値を認められるという経験をした人も、異性からどれくらい注目され、愛されるかという点に、自分の価値を置くようになる。それは、愛されるという自信であると同時に、その点にしか自分の価値を見いだせないということでもある。

演技性の魔力から身を守るには

人は誰しも愛されたいという願望をもっている。しかし、現実には、好意を持ってくれる人がいても、それをはっきり口にして、相手から接近してくれることは滅多にないことである。

ところがある日、魅力的な存在から、突然関心を示され、「好き」とか「タイプだ」と告白されたら、そんなのは口先だけの言葉だと一方では思いつつも、悪い気はせず、いつしかその気になって、こちらも好意をもってしまうということになる。ハニートラップは、その危険をうすうすわかっていても、なかなか逃れられない魔力をもつ。

性的な魅力以上に、好意の告白や身体的な接近や接触が生む揺さぶりは、理性を素通りして本能に直接ヴァイブレーションを与えてくる。そこで、防壁となり得るのは、ほとんど唯一、このタイプの特性を認識するということである。そうすれば、その動きが、定石通りのプレーに過ぎないということが手に取るようにわかって、上手にあしらうこともできるのだ。

(3) 自己愛性パーソナリティ

自己愛性パーソナリティは、自己特別視や強い自己顕示欲求、他者に対する尊大で、搾取的な態度、共感性に乏しい自己中心性などを特徴とするパーソナリティの偏りで、現代社会では非常に増えているとされるパーソナリティタイプの一つである。

相手を見下すような態度や傲岸不遜さが特徴だが、最初の印象では、好人物を演じていて、印象を欺かれることもある。何か意に反することが起きた時に、自己愛的怒りと呼ばれる癇癪を爆発させ、いつもとは別人のように相手を罵り、暴言を吐いたりして、周囲をあっけに取らせることも多い。

自己愛性パーソナリティの人にとって、他者とは自分を称賛してくれる礼賛者か、絶対服従でかしずいてくれる召使であるべきものであり、それ以外のことをしたりすれば、怒りしか感じないのである。

称賛することを怠れば、自分の価値を否定する敵だとみなされるであろうし、都合よく言いなりにならなければ、もはや利用価値のない邪魔者として扱われる。

したがって、対人関係は基本的に、自分にとって存在価値があるかどうかで測られ、相手の気持ちや事情などは、顧みられない。自分の都合だけで、相手の迷惑など考えることなく、相手を臆面もなく利用しようとする。

それゆえ、自己愛性パーソナリティの人が接近してくる場合には、自慢話をして自己顕示欲求を満たしたいか、無理な頼み事や唐突な要求をして、こちらを利用しようとするかのどちらかである。しかも、自分のことしか考えていないので、あたかもその話に応じることが当然のように近づいてくる。拒絶したり、適当にあしらったりすれば、逆ギレされ、こちらが悪いことをしたように罵られかねない。そうした強い態度で出てこられるので、気の弱い人や従順な人は、怒らせないように応じてしまうことも少なくない。

要求を拒否すると、子どもじみた脅しや交換条件を持ち出し、相手を言いなりにしようと、姑息な手を使ってくることも少なくない。そうした無理難題を持ち掛けるのは、思い通りになりそうな立場の弱い相手に対してだけということが多く、逆らいきれずに受け入れてしまうということもしばしばである。

自己愛性パーソナリティの人は、能力に優れ、社会的地位が高いことも多く、余計に厄介で対処が難しい存在になりがちだ。その一方で、前章でも見たように、頭でっかちで、現実的な処理能力に劣る傾向がみられ、言うことは立派だが、口ばっかりということにもなりがちだ。第一印象の立派さやカッコよさに騙されないことがまず肝心である。

理不尽な要求や攻撃を受けないためにも、ほどよく距離をとり、不用意に近づきすぎないようにするとともに、もし相手から接近してきたときも、敬意を払い、自慢話には快く応じて自己顕示欲求は満たしつつも、相手に利用されないよう、やんわりと線を引いて、本人ペースの提案に乗らないのが安全だろう。

すでに親密な関係になっているとか、同僚や上司として付き合わざるを得ないという場合には、このパーソナリティの特性を踏まえた対処が必要である。自己愛性パーソナリティも含めて、パーソナリティの問題に対する対処については、拙著『パーソナリティ障害』などを参考にしていただければと思う。

†野心や自己顕示欲が偉大な成功の原動力となることも

自分が王や女王のような存在として君臨し、崇められたいという幼い自己愛が、大人になってもその心を支配し続け、誇大な願望や野心となって、その人にとりつくことになるのも、幼年時代や子ども時代の体験にその秘密が隠されていることが多い。多くのケースでは、自己顕示欲求を満たされるべき時期に、満たされ損なう状況が見いだされる。

また、自分のモデルとなる存在が、自分勝手な目立ちたがり屋で、その影響を受けている場合もある。自分の力への過剰な自信をもつためには、それなりに優れた能力や美貌を備え、そのことで賞賛を得た経験も必要であり、そうした体験をきっかけとして、自信や野心に火が付いたというケースも多い。

自己愛性は過剰になると、気位が高すぎて、通常の社会生活に適応できなくなったり、家族と安定した関係が築けなかったり、平凡な生活に倦《う》んで、無気力になったりするが、その能力や才能を賞賛してくれる理解者に支えられると、大きな成功を成し遂げる原動力ともなる。決してマイナス面だけではないのである。

†「サーカスの女王」になるのが夢だったジャッキー

ジョン・F・ケネディと結婚して、ファーストレディーの座を射止め、ケネディが凶弾に倒れた後は、海運王オナシスと再婚し、女性としての野心をすべて実現したジャッキーこと、ジャックリーヌ・ケネディ・オナシスは、子どもの頃から勝ち気で、「サーカスの女王」になるのが夢だった。その夢は、「〈世界中の偉大な男たちから〉崇められながら、〈空中ブランコ乗りの男〉と結婚する」というものだった。(9) そこには、注目と賞賛を一身に浴びたいという幼い自己顕示欲求とともに、一番かっこいい男性から愛されたいという願望も表現されている。

名門一家の息子と銀行家の娘を両親に持ち、何不自由なく育ったジャッキーだったが、子ども時代はあまり幸福なものとは言えなかった。幼い頃は、世話は乳母に任せっぱなしで、両親は赤ん坊を残して、ヨーロッパ旅行に出かけてしまうという具合だった。株式ブローカーだった父親は、ひどいプレイボーイで、結婚しても女遊びを止められず、母親は絶えずヒステリーを起こし、夫婦げんかが絶えなかった。母親は、出かけているか、たまに家にいるときは、娘をうるさく叱るかのどちらかで、ジャッキーは日常的に、母親から身体的虐待を受けていた(10)。

ジャッキーは、潔癖で、情味に欠けた母親より、人間味があって面白く、甘えさせてくれる父親の方が好きだったが、夫婦の関係は悪化の一途をたどり、家庭内別居の末に、ジャッキーが七歳の時、別居することになった。ジャッキーは週に一度、父親と会うことをとても楽しみにしていたが、母親はそれを快く思わず、ジャッキーが父親のことを口にしただけで、折檻されたという(11)。

その後、周囲を巻き込んで、泥沼の法廷闘争を繰り広げたあげく、ジャッキーが十一歳になる直前に、ついに離婚が成立した。そのだいぶ前から、母親と娘二人は、別に部屋を借りて暮らしていた。母親には愛人がいて、母親の愛情が、ジャッキーに注がれることはほとんどなかった。

誰にも気にかけてもらえないジャッキーにとって、唯一の慰めは、乗馬クラブで、馬と過ごすことだった。当時を知る乗馬クラブのメンバーの回想によると、「人恋しげな子で、母親とはぐれた仔猫みたいに乗馬クラブのあたりをうろうろ歩き回ったり、馬番に話しかけたり、馬たちの世話を」していたという。[12]

引き離された父親に愛されたいという思いと、一番になって目立ちたいという願望が、彼女の中に平凡な幸せでは満足できない、大きな野心を育んでいったのだろうか。ジャッキーの支えとなったのは、母親には愛されなかったが、父親に愛されたという、幼い胸に刻まれた思いではなかったか。それは、父親を取り戻したいという願望として強い愛情希求を生むとともに、年上の男性から自分は愛されるのだという「愛されることへの確信」を与えたに違いない。

(4) 反社会性パーソナリティ

反社会性パーソナリティは、倫理観の乏しさや他者に対する冷酷で搾取的な態度を特徴とするものだ。他者に対する非共感的で、搾取的な態度という点では、自己愛性パーソナリティと共通する一面があるが、反社会性パーソナリティの人は、能力的にも低く、むしろ強い劣等感やひがみを抱えているのが普通で、その点は対照的である。

また規範意識の乏しさも相まって、暴力的な傾向も強い。反社会性パーソナリティの人は、通常よりも危険なことに対して不安を感じにくく、命知らずな危険行為を楽しんだり、大胆不敵で、スリルや戦いを好んだりする。こうした傾向が、ある種のアウトローな魅力にもなり、異性を惹き付ける場合もある。

進化論的に言えば、弱肉強食の時代や戦乱の時代においては、反社会性の傾向は、生き延びるために有利であり、子孫を残しやすかったため、反社会性の遺伝的素因が今日まで生き延びていると考えられる。混乱した時代においては、善良な性質や思いやりのある性質が生き延びるのに不利だった場合もあるだろう。

それでも、反社会性の特性を備えた人が、社会にそれほど多くいるわけではなく、むしろ善良で、思いやりのある資質をもった人の方が今も大勢を占めているということは、長期的にみると、思いやりのある資質が、種として生き延びるのに役立ったということになるだろう。

ただ、社会構造の変化と利益至上主義の席巻によって、反社会的な特性にむしろ有利な状況が生まれているとも言える。世界のトップに立つ指導者たちの顔ぶれを見ても、統治者として君臨するためには、善良で思いやりがある性質よりも、反社会性の特性の方が必要とされるということを示しているようにも思える。社会のトップに立つものに、反社会性の資質が必要されるという悲しい状況が、ある意味、人間の現実を雄弁に物語っているのである。

反社会性パーソナリティにも、知能が高いタイプがあり、そうした場合には、自己愛性の傾向も重なり、自分が相手を思いのままに操り、搾取できると考え、知能犯的な犯罪や他者への寄生がみられることもしばしばである。独裁者はその最たるものと言えるかもしれない。

反社会性の人は、野生の獣のように縄張り意識が強く、にらみ合いながら暮らしている。眼《がん》を飛ばすとか、眼をつけるということに、自己の威信をかけ、トラブルのきっかけにもなるように、他者への距離感というものにかなり過敏である。縄張りへの侵入を許すのは、自分の配下だけであり、それ以外は排除しようとする。

間違っても、このタイプの人の縄張りに不用意に侵入し、挑発行為とみなされて、報復行動を受けないように、周囲をよく見渡して用心することは、いまのような平和な時代においても、心得ておくべきことである。

†アンドレ・マルローという生き方

後にフランスの情報相、文化相などの大臣を歴任することになる作家アンドレ・マルローの青春時代は、この世界の不条理性や反抗をテーマとした最初の作家らしく、極めてアウトローなものであった。彼の名が最初に新聞に載ったのは、アンコール・ワットなどで名高いカンボジアのクメール朝仏塔遺跡の一つを盗掘し、運び出したレリーフの石像をアメリカのコレクターに売り払おうとしたかどで、当局に逮捕された事件を報じる記事においてであった。つまり犯罪者として、最初にその名は世間に知られたのである(13)。

一九二三年当時は、カンボジアはフランスのインドシナ植民地の一つであり、マルローは無罪判決を得るのだが、クメールの歴史や美術に関心や造詣があったとはいえ、今日的な基準で行けば、植民地宗主国の身勝手以外の何物でもなく、また、株で大損した穴埋めのため、盗み出したレリーフを、高値で売却して一攫千金を狙っていたという事情も、あまり同情はできないのだが、当時のフランスの前衛的な作家たちは、新進の作家であったマルローを擁護し、無罪判決を勝ち取ることになった。

このとき収監された体験が、不条理さと反抗という彼の生き方や文学的なテーマにもつながるわけであるが、少し冷めた見方をすると、世界を自分のもののように勘違いし、自分の思い通りにならないことに対して、それを不条理だと罵り、憤っているようにも見え、その本質は、自己愛的怒りと呼ばれるものに他ならないようにも思える。彼はこの体験をもとに『王道』という作品を書いたが、そのタイトルにも、彼の意図とは別に、平凡では満足できず、英雄的な冒険の道を求めてしまう、歪《いびつ》に肥大した自己愛性の本質が現れ出ているようにも思える。

平穏無事ではなく、わざわざ危険を求めてしまう彼の生き方こそが、〝不条理〟なのに、その生き方によって生じる世界との摩擦を、彼は不条理だと感じていたようにも思える。むしろ問題なのは、彼はなぜわざわざ〝不条理な〟までに危険で、反抗的な生き方をしなければならなかったのかということの方だ。

この点、私は同じようなタイプの青年にたくさん出会ってきた。彼らも人生の不条理さに対して、怒りを抱え、反抗することだけを生きがいに生きていた。彼らは何に怒っていたのか。ほとんどの青年に共通していたことだが、彼らが抱えている障害の本質は、親から適切に愛されなかったということだった。本来、仲良く自分を見守ってくれるはずの両親が離婚したり、いがみ合っていたり、いなかったりしたということの不条理さに対する怒りから、すべては始まっていた。それがやがて自分を認めてくれない社会への怒りへと変わっていく。

マルローはどうか。マルローもまた、当時のフランスでは珍しく両親の離婚を経験していた。彼が不条理と感じるものの根底に何があるのかと問い詰めれば、非行少年たちと、その本質において何ら変わらないように思える。

いや、だからこそ彼は、多くの人の心を捉え、時代の旗手となり得たのだ。反社会的なパワーは、身を滅ぼすこともあるが、人を惹きつける魅力ともなる。

反社会的傾向が強すぎることは、人生を破綻させるだろうが、そうした要素も、生き抜いていくためには必要なのである。真面目で、正しいだけでは生き残れないときもある。

カンボジアにまで盗掘に出向いていく行動力や、法や常識的な規範さえ恐れない反社会的な性向は、マルローの最大の魅力でもある。彼が不条理と呼ぶ、神なき世界で、彼に生きる根拠を与えるのは、戦うことであり、セックスであった。敵を征服するか、女を征服するかの違いはあれ、そこで追求されるのは、征服である。征服されて死ぬか、こちらが征服するかというぎりぎりの戦いや冒険こそが、彼にとって生きるということだったのだ。

マルローは、インドシナで新聞を発行し、既得権層と戦い、中国国民党に入党し、革命を支援した。第二次世界大戦中は、ゲシュタポと戦い、戦後はドゴール政権に加わって、今度は統治する側に身を置いた。しかし、大臣の椅子に納まってしまっては、彼は自分の本質と自己矛盾を犯したことになり、もはやマルローはマルローでなくなっていたと言える。

†反社会的な魅力は人間のスパイス

反社会的な一面を抱えた人がもつ野生の魅力は、飼い慣らされることを拒み、自由に一人で生きていく強さにも由来するだろう。戦うことや孤立することを恐れない姿勢は、生き抜いていく上で有利な面をもつ。

本書の冒頭で紹介したが、社会適応に有利に働くパーソナリティの一つに、反社会性パーソナリティの傾向も含まれていたことを思い出してほしい。悪いことや攻撃することも辞さないことは、相手の攻撃や身勝手な振る舞いを抑止し、有利に物事を進めていくことにもつながるのだ。実際に殺さなくても、この人に逆らうと殺されるかもしれないと思わせることは、相手をコントロールする力をもつ。それが現実なのである。

パーソナリティの反社会的な要素は、いわばスパイスのようなものである。そればかりあっては毒でしかないが、少しくらいはあったほうが、人間的な魅力にも通じる。悪いことなど一度もしたことがないというのでは、人間として面白みがないのである。反社会性の味がするスパイスをどう使いこなすかは、親密さを操る技術の一つなのであるが、それについては後の章で触れよう。

(5) 依存性パーソナリティ

依存性パーソナリティは、相手に嫌われまいとして過度に相手に合わせてしまうことを特徴とする。自分にとって不利益なことでも、相手が困っていると、つい自分の方を犠牲にしてでも、何とかしようとする。言い寄られると、さして好意を感じているわけでもないのに、相手を気の毒に思い、つい関係を許してしまったり、相手の借金を払う羽目になったりする。

その意味で、これまでのタイプとは異なり、どちらかというと、うまく接近され、利用されやすいタイプでもある。

強引なセールスや勧誘も、断るのが苦手で、相手に悪いと思って、多額の契約をしてしまったりする。相手に気を遣い、過剰なほど尽くそうとするので、相手にとっては、とても心地よく、そうした親切が、好意と誤解されてしまう場合もある。

対人距離は、演技性、自己愛性、反社会性に次いで、近くなりやすく、執着傾向は、もっとも強い。距離が近くなるのは、自分から接近するというよりも、誰にでも気を遣いすぎ、サービスしすぎてしまうので、その気になった相手の接近を招きやすく、そのうえ、断るのが苦手なうえに、一度親密な関係になると、相手に執着してしまうという三重の理由に起因している。

自己愛性や反社会性といった強引で身勝手なタイプの餌食になりやすく、また自己愛性や反社会性のタイプの大胆で横柄なところを、依存性の人は強さだと勘違いしたり、気に入られようと余計に媚《こび》を売ってしまい、深みにはまりやすいという構造がある。

ことに自己愛性や反社会性の男性にとって、依存性の女性は、カモがネギをしょって、食べられるのを待っているようなものなのかもしれない。依存性の女性の方も、犠牲になっている自覚はなく、むしろ貢ぐことが生きがいになっているというケースも少なくない。

日本には伝統的に多かったタイプの女性だと言える。自己愛性や反社会性の男性から見れば、これほど好都合な存在もいないということになるだろう。

こうした関係を愚かだと笑いたくなるかもしれないが、決してそれは他人事ではない。一般の人々は、自分で主体的に判断し行動するというよりは、もっともらしい意見を堂々と言う存在を頼りにし、それに迎合することで気持ちの支えを得ている。つまり、個々人でなく全体で言えば、大衆とは依存的な特性を持つ。自己愛性や演技性、反社会性を備えたヒーローやアジテーターが、かっこよく言いたいことを言うのを聞くと、喝采を送り、熱烈に支持してしまうのだ。その支配の構造は同じなのである。

(6) 境界性パーソナリティ

境界性パーソナリティ障害は、見捨てられることへの過敏さ、強い自己否定、自己破壊的行動などを特徴とする深刻な障害だが、近年、身近でも急増しているものである。障害と診断されるレベルではないが、その傾向をもつ人は非常に多く、そうしたタイプを境界性パーソナリティと呼ぶ。

見捨てられることへの過敏さは、親密な関係になったときにスイッチが入るため、距離を置いた関係のときには、そうした問題はほとんど目立たず、とても感じのいい魅力的な存在であったり、とても勤勉な努力家であったり、内気でおとなしい、目立たない存在だったりする。

ところが、親密な距離にまで近づいた瞬間、状況が一変し始める。がらがらと、それまでの状態が崩れ始める。まるでスイッチが入ったように、見捨てられるのではないかという不安が生じ、情緒不安定になると同時に、しがみつこうとする行動や愛情・関心を確認しようとする行動が激しくなる。見捨てられるという思い込みから、思いつめた行動に走ったり、相手を独占しようとして、あの手この手で縛り付けようとする。その最たる手段が、「死ぬ」と言って脅し、そばにいさせようとしたり、すぐに自分のもとに来させようとしたりすることである。

せっかく楽しく過ごしても、別れ際になると、急に不機嫌になったり、困らせるようなことをして、楽しかったことまで台無しになるように振る舞ってしまう。そんな反応に、相手は戸惑い、どうすればいいのかわからなくなる。

ときには、手を焼いた末に、疲れ切ってしまい、関係を終わらせようとすると、そこから、激しい攻撃が始まったり、ストーカーのようになったりしてしまうこともある。

こうした反応は、理解不能に思われるのだが、その根底には、両価型（不安型）と呼ばれる不安定な愛着が絡んでいることが多い。両価型とは、相手を求めている気持ちと、攻撃したり拒否したりしてしまう反応が同居している愛着タイプである。そうした反応になってしまうのは、求める気持ちが強すぎて、自分を愛してもらえないことへの怒りにとらわれているためである。そして、そんな反応に陥ってしまうのは、過去に受けた心の傷が関係している。愛情を求めながら、愛してもらえなかったり、見捨てられることで受けた傷が、再びうずきだすのだ。

境界性パーソナリティについての認識がなければ、相手にただ翻弄されることになる。自分が翻弄されるだけでなく、相手もどんどん不安定になっていく。一生懸命支えようとすればするほど、ひどい状態になって、侮辱や攻撃を受けた挙げ句、捨てられてしまうこともある。このタイプの人は、捨てられることを恐れているのだが、捨てられないためには、自分の方から捨ててしまうのが、一番なのである。

ただ、そうしたドラマチックなケースよりも、実際に多くを占めるのは、むしろ愛されていないと不安や不満を感じつつも、相手にしがみつき続けるケースである。一人の人に長くしがみつき続け、パートナーも支え続けたケースでは、時間とともに安定することが多い。自分が捨てられないということを、身をもって実感し、人との関係を信じられるようになったと言えるだろう。

ただ、そこにまでたどり着くまでには、相当な時間を要すると覚悟する必要がある。境界性パーソナリティについて述べ出すと、とても紙数が足りなくなってしまうが、関心がある方は、拙著『境界性パーソナリティ障害』（幻冬舎新書）などを参考にしていただければと思う。

(7) ADHD

ADHDは多動、衝動性、不注意を特徴とする、神経発達障害の一つである。一割ほどは、大人になったときに、反社会性パーソナリティ障害に移行するともいわれてきたが、ADHDが反社会性パーソナリティ障害に移行するというよりも、虐待やネグレクトなどによる愛着障害と重なるときに、反社会性のリスクが高まると考えた方が良いだろう。

むしろ多くのADHDは大人になるまでに改善する一方で、近年では、青年期以降に発症するADHDが、大人のADHDの中心を占めるとされる。つまり、大人のADHDの多くは、発達障害ではなく、青年期以降に発症する別の障害の可能性が高くなっているのだ。その実体は、気分障害や不安障害、依存症、PTSD、パーソナリティ障害などにより生じた不注意を、ADHDと誤診したものであったり、児童期の虐待などによる愛着障害の影響によるものではないかと考えられている。

後者の場合には、気分や情緒の問題や自己否定などを伴いやすく、境界性パーソナリティ障害の傾向を帯びることもある。

ADHDと脱抑制型の愛着障害は、行動パターンが非常に似ている。どちらも、興味のあるものにすぐ引き寄せられ、躊躇なく接近する。上の空でぼんやりすることが多く、思ったことをすぐ口にしたり行動に移したりする。対人関係においても、目移りしやすく、熱しやすく冷めやすいところがある。そのため、脱抑制型愛着障害は、ほとんどのケースで、ＡＤＨＤと誤診されていることが多い。多動、衝動性、不注意という症状だけでは、見分けが付かないのである。

脱抑制型愛着障害は、幼い頃に親との離別や愛情不足などを味わったという背景があるのが決定的な違いであり、また、どこか可愛らしさがあり、愛情や関心を求める愛着行動が激しいのに対して、ＡＤＨＤの場合には、そうした特徴がみられず、どちらかと言えば反抗的な憎まれっ子になりやすい。そうした点に気をつけて見分ける必要がある。

また、成人の場合には、多動、衝動性、不注意というＡＤＨＤの特性にばかり目を向けるよりも、気分や情緒の問題、依存性の問題、愛着スタイルや演技性、自己愛性、反社会性、境界性などのパーソナリティの傾向、過去の虐待やネグレクトに着目した方が、その人が抱えている課題を的確に把握できるだろう。

（8）失調型パーソナリティと積極奇異型ＡＳＤ

失調型パーソナリティは、常識とはかけ離れた思い込みや突飛な考えにとらわれ、自分独自の世界に生きているような、マイペースな傾向が強いパーソナリティで、自分から進んで話しかけたりするのだが、話が一方的になってしまったり、自分に関心のある話ばかりをしたりする。

内気で、孤立しやすいところもあるのだが、何かの拍子にしゃべり出すと止まらなくなり、無遠慮に接近してきたりする。それは相手を利用する意図をもってというよりも、適正な距離感がわからず、相手の戸惑っている反応に気づかないためである。

積極的にかかわりを持とうとしても、協調性や共感性の面が弱いため、周囲とずれてしまう。自閉スペクトラム症（ＡＳＤ）には、消極的で、人とのかかわりを持とうとしないタイプが多く、シゾイドパーソナリティを呈しやすいが、積極奇異型と呼ばれるタイプでは、むしろ積極的に人ともかかわろうとし、その結果、かえって摩擦を引き起こしてしまう。失調型は、そうしたタイプと重なるところが多い。幼い頃、人見知りがなかったとか、人懐っこくて、誰にでもすぐ話しかけたり、突拍子もない質問をしたということがしばしばみられる。図々しく話しかけてきたり、いきなり聞きにくいことを聞いてきたりするのも特徴だ。相手は非常識さに呆れたり、衝撃を受けたりするのだが、当人はまるで悪意なく、ただ疑問に思ったことを聞いているだけという意味しかない。

†社交でつまずいたニーチェ

失調型の人には、しばしばインスピレーション豊かな天才肌の人がいる。頭が良すぎると、足下が危うくなりやすいが、哲学者のフリードリッヒ・ニーチェも、そうした一人であった。現実生活や社交の面での不器用さが、生きづらさにもつながり、二十五歳という若さで教授になったにもかかわらず、その職を去らざるを得ない羽目になった。

教授という仕事には、それなりの社会的地位が伴い、学生に教える以外にも、周囲の期待に応えて、そつなく交流するという役割も求められたのである。前者については、ニーチェはうまくこなすことができた。学生たちの評判は上々で、ニーチェの信奉者となる学生も何人か現れた。ニーチェにとって、どうにも厄介きわまりなかったのは、同僚や町の名士、その令夫人や令嬢との社交であった。

若き天才学者に対して、周囲の期待は大きなものだった。それにニーチェは独身の男性である。近眼がひどかったものの、風采や顔立ちは悪くなく、音楽的な才能にも恵まれていた。妙齢の女性にとっては、魅力的な花婿候補のはずである。周囲の期待に応えようと、ニーチェも、それなりに努力したのだが、頑張れば頑張るほど、その奇妙さや非常識ぶりが目立って、周囲を呆れさせることになった。

少女のように繊細で、おどおどしているかと思うと、急に口を開くと、場違いな発言ばかりしてしまうのだ。あるとき、年頃の女性がパーティで隣に座った。ニーチェは、場を盛り上げようとしてか、自分の見た夢の話をした。その夢というのは、自分の手の皮膚が透明になり骨や組織がはっきりと見えたというもので、それだけでも、相手はあっけにとられているのに、さらにニーチェは付け加えた。「見ると膝の上にまるまると太ったヒキガエルが座っていて、そのヒキガエルを食べたいという衝動を我慢できなくなって、飲み込んでしまったのです」と。それを聞いた女性は、どう反応していいかわからず、笑うほかなかったが、ニーチェは、女性が笑ったことに気分を害したのか、「あなたはお笑いになるのですか」と、真面目な顔で言ったという。(14)

ニーチェが抱えていた困難は、失調型パーソナリティやアスペルガー・タイプと呼ばれるASDの人にしばしば伴うもので、相手の視点で物事をみることができないということである。自分の視点や自分の世界に没入して、相手の立場でどう感じられるのかまで、想像が及ばないのだ。パーティのディナーの席で、そんな話を聞かされて、相手がぞっとしているということにも思い当たらない。

バーゼルというスイスの小都市のことである。そういうことが重なれば、ニーチェの評判が次第に悪くなってしまうことは、避けられなかった。

†曖昧な言い方が通用しない

対人距離も不安定で、神経質で、内気な人かと思っていると、いきなり内面的なことを語り出したり、踏み込んだ質問をしてきたりする。ニーチェは、あるとき、知り合ったばかりの女性にプロポーズしたことがあった。意気投合して会話が盛り上がったことを、すっかり親密になったと錯覚してしまったのだ。

このタイプの人は、世間一般の価値観からすると、非常識な人でしかなく、そのユニークさやインスピレーションの豊かさを評価されるよりも、変な人だと陰口を叩かれ、つまはじきにされてしまいやすい。

しかし、このタイプの人は、実は最もクリエイティブな才能や知識を備えているのだ。常識的な観点で評価したのでは、このタイプの人の本当の素晴らしさはわからないし、そこから学ぶせっかくの機会も失われてしまう。

たとえ急接近してきたとしても、利己的に相手を利用するタイプではないので、概してリスクも低いと言える。ただ、恋愛が絡んだりすると、自分勝手な妄想を膨らませることもあるので、その気がないときは、それを相手にわかるように、はっきり伝えた方が無難だろう。相手を傷つけてはいけないと配慮して、曖昧な返事しかしないでいると、都合のいい妄想が膨らみ、かえって危険な場合もある。明確に伝えることが、ある意味親切なのである。

(9) 躁状態（軽躁状態）と脱抑制状態

対人距離の過度な接近が起きやすい状態に、さまざまな原因で起きる脱抑制がある。脱抑制とは、理性の座である前頭前野の制御が甘くなり、ブレーキが利きにくくなった状態である。アルコールが入って酔っぱらった状態も、脱抑制状態だと言える。普段は小心で緊張が強い人も、大胆に振る舞ったり、気安く相手の体に触れたりする。もちろん、危険なことも起きる。酒でどれだけ多くの人が、取り返しのつかない失敗をして、人生や出世を棒に振ってきたことか。

間違った相手と親しくなりすぎてしまったり、逆にケンカになってしまったりということも起きがちだ。

しかし、アルコールが入ったような状態が、酒を飲んでなくても起きることがある。その一つが、(軽)躁状態だ。(軽)躁状態になると、普段よりも、よく喋り、誰でも気安く声をかけ、親しげに振る舞うようになる。自信にあふれ、気が大きくなり、行動力や頭の回転も高まる。春から夏にかけて元気になり、(軽)躁状態になりやすいタイプの人もいるし、何か良いことや、逆にショッキングなことがあって、それがきっかけで、(軽)躁状態になることもある。まったくきっかけとは関係なく、周期的に(軽)躁とうつが入れ替わることもある。

気分に波がある人は、軽度なものも含めればかなりの割合に上る。テンションが高い(軽)躁のときと、うつ気味の時では、別人ほど行動が異なる。気分や感情に波がある場合には、人との距離も変動することになる。

気分が乗っているときは、人との距離は近くなりやすいが、気分が落ちてくると、人と口をきくのも煩わしい。同じ人なのに、他者との距離感が変動するのである。気分の波がある人と接するとき、距離感が変動することを頭に入れておかないと、戸惑うことになる。

躁状態とは気づきにくく、性格だと見間違えてしまう場合がある。激しい躁状態になると、一日一、二時間しか寝ずに、動き回ったり、喋りまわったりしているので、明らかにおかしいと気づくが、軽躁を繰り返すタイプの気分障害では、異常というほどではないため、単に性格かそういう活力に満ちた元気な人だと思ってしまう。

軽躁のときには、恋愛をしたり、新しい事業を始めたり、投資をしたり、大きな業績を成し遂げたりすることも多く、度が過ぎない限りは、効用の面も少なくない。軽躁の時は口も頭も滑らかで、恋愛もとんとん拍子に進む。双極性障害（躁うつ病）の男性は、とてもきれいな奥さまを連れていることが多い。馴れそめを聞くと、大抵は、（軽）躁の時に、恋愛で一緒になったということが多い。軽躁の時は、活力にあふれ、朗らかで、性的にも活発である。異性にとっても、魅力的なのだろう。

気分の波があり距離感が変動する人への対応の基本は、相手の距離感に合わせつつ、ぶれ幅を少し抑えるということだ。特に、（軽）躁状態では、どんどん接近してきたり、電話やメールが増えてきたりしやすい。相手に合わせすぎていると、トラブルに巻き込まれたり、自分のペースを狂わされることにもつながる。返信のペースを空けるなどして、あまり加熱しないように制御することが大事である。

第六章
対人距離を操る技術

†社会的知性の本質は演技すること

人類が人類たるゆえんは、どこにあるのかという問いに対して、二足歩行であるとか、言葉を使うこととか、道具や火を使うことが挙げられてきた。直立二足歩行によって、重い脳を支えることや手を使うことが可能になり、脳の進化が促されたというのも有力な仮説である。実際、視覚にかかわる領域とともに、手の感覚や動きにかかわる脳の領域はとても広く、高度な作業を可能とする動作性の知能の発達は、脳の進化の一つの原動力となったことは間違いない。

もう一つは言語的知能の進化である。言葉というシグナルを用いることによって、人類は高度なコミュニケーションの技と知識を獲得し、それを次代に継承し、発展させることもできるようになった。

だが、人類はなぜそもそも道具を用いて複雑な作業をしたり、高度な言語を操る必要があったのか。そこまで考えたとき、人類の脳をサルの脳を超えるものに進化させた真の原動力が、別のところにあったのではないのかという仮説が浮上する。それが、「社会的知性仮説」と呼ばれるものである。

それによると、人類が大きな群れを形成するようになったことにより、群れの仲間の顔や序列を覚えたり、序列の上位者の逆鱗《げきりん》に触れることを避け、庇護を獲得したりすることが生き残りを左右するようになり、その結果、相手の心を読み、戦略的に行動する社会的知性を進化させることとなり、大きな脳をもつようになったというのだ。(15)

言葉もまた群れで暮らしていく上で必要なものであり、本来は社会的な能力と密接に結びついて進化したと考えられる。道具を用いた作業が必要となったのも、大きな群れを支えていくことと密接な関係があっただろう。

社会的知性仮説が根拠としている一つは、サルから人への脳の巨大化と群れのサイズの拡大が比例しているという事実である。(16)グローバル化した現代社会は、群れのサイズが極大化した世界だとも言える。人間の脳の容量ではとても追いつかず、ITやAIがそのギャップを埋めることで成り立っている。極大化した群れにおいて、成功を左右する要因として、ますます社会的知性の重要性が増しているのかもしれない。

社会的知性は、別名をマキャベリ的知性ともいう。マキャベリとは、ルネッサンスの時代に外交官として活躍し、引退してから著した『君主論』において、政治の本質は欺くことだと喝破した人物である。たとえば、マキャベリは、こう述べる。君主たるものにとって、本当に誠実であることは有害だが、誠実であるふりをすることは有益だ、と。[17]

ふりをして、相手を欺く能力こそが、君主の条件だとするマキャベリの主張は、君主に限って当てはまることではなく、幼い子どもからビジネスパーソンや芸能タレントまで、うまくやろうと思えば、求められる能力となっている。

ふりをして、相手にそう信じ込ませること、つまり演技することが、社会的知性の本質であり、本当の頭の良さということになるのである。それは、あまり暴かれたくないことかもしれないが、現実を動かしている真実なのである。

演技性といった、ある意味、道徳的には、あまり評価されないような特性が、現実には、成功と強い結びつきを示している。言語性や動作性の知能においては、むしろ劣っていても、人一倍成功を手に入れることができるのは、本当の頭の良さである社会的知性にもっとも恵まれているからだと言えるだろう。

社会的知性とは、相手の信頼や関心を獲得し、巧みに接近し、思いのままに利用する能力でもある。しかも、相手から進んでそうさせるように事を運ぶ。それが可能になるのは、愛着という仕組みを逆手に取って、それを操ることができるからだ。

本章では、社会的知性の中核をなす演技性の能力を中心に、それ以外にも、成功や社会適応に有利に働く自己愛性や反社会性といった能力についても、それをどう取り入れ、活用していけばいいのかを考えたい。

†対人距離を決める要素

これまでの章で見たように、対人距離を決める要素として、愛着の特性や新奇性探求、過敏性などの感覚特性などがかかわっていた。愛着と感覚特性が、結びつきをみせることも見てきた。つまり、過敏な人では愛着回避が強まり、感覚探求が高い人では愛着行動が強まる。

愛着回避や愛着不安は阻害要因として働く一方、愛着行動と愛着期待の強さは、親密な関係への促進要因となる。そして、愛着の安定性は、両者のほどよいバランスを保ち、関係が長く維持されるのに寄与する。

親密な関係になろうとするならば、愛着回避や愛着不安を抑えるとともに、愛着期待を高め、愛着行動を活発化させることが求められる。ただしその場合、愛着安定の原則に則って、ほどよいバランスを欠かないようにすることも大事になるだろう。

ビジネスであれ、恋愛や交友であれ、接近したいと思う存在がいるのに、接近を回避していたのでは、何も始まらないということだ。回避的な人は、自分にこう言い訳する。物欲しそうにこちらか近づいていけば、魂胆がばればれになってしまい、足下をみられるだけだ。こちらの好意や意図を知られないように、距離をとっておいた方が安全だし、そのうち向こうの気持ちがこちらに向くかもしれない。

大抵そんな希望的観測を言い訳にして、何もアクションを起こさず、傷つかないように現状維持に終始する。だが、そうしていても、何年たとうが、関係が進展することはない。こちらに関心をもってもらい、親密な関係に踏み込もうと思うならば、回避せずに愛着行動を増やすしかない。このことは、統計的な調査でも裏付けられている。自分から声をかけたり、好意を打ち明けたりする人ほど、親密な関係を手に入れ、楽しんでいるのである。

†一度断られてもダメとは限らない

ある二十代の男性は、大学を中退し、非正規のアルバイトで働いていた。社交的ではないが、責任感が強く、職場では他のアルバイトを束ねる役割をまかされるようになっていた。年下のアルバイトの女性と、仕事上の話を交わすうちに、好意を感じるようになったが、自分のようなアルバイト職員では、相手は興味がないだろうと思い、また、これまでの人生が失敗と失望の連続で、自信がなかった男性は、思いを打ち明けることができずにいた。

しかし、その女性が辞めるかもしれないという噂を聞き、勇気を出して、デートに誘ってみたのである。結果は、無惨にも断られてしまった。男性は落ち込んだが、自分で決意して行動した結果だったので、仕方ないと諦め、それまで通り仕事を続けた。ただ、女性に対しては、少し距離をとって、話しかけることもなくなった。

ところが、しばらくたったある日、女性の方から、最近、よそよそしいのはなぜかと、思い詰めたように聞いてきた。その後わかったことだが、女性は突然の誘いに心の準備ができておらず断ったものの、それから彼のことを意識するようになったのだ。ずっと彼からまた誘われるのを待っていたが、彼がすっかり関心を見せなくなったことに不安を募らせ、ついに自分から行動を起こしたのだった。

大部分の人は、そんなに始終異性から好意を打ち明けられたり、言い寄られたりするわけではない。それは特別な非日常的体験であり、そのインパクトは意外に大きく、じわじわボディブローのように効いてくることもある。この男性のように、潔く引き下がったのが好印象を残すこともあれば、二、三度アタックして、ついに心をとらえたというケースもある。

応答性のマジック

親密さを支えている仕組みが愛着である。愛着がどの程度活性化されるかによって、相手に対する親しみや信頼が変わってくる。では、どのようにすれば、愛着が育まれやすくなるのだろうか。

愛着形成においてもっとも重要な鍵を握っているのが応答性だとされる。応答性は相手の反応に、こちらも応えることである。関心を向ける、声をかける⇒関心を返す、応えるという相互の応答を繰り返すことによって、親密さや信頼が生まれていく。ここでの基本は、応答の波長を合わせることである。それによって、相手は心地よく、話しやすいと感じる。会話をするというと、何か面白い話題を持ち出したり、特別なことを言わないといけないと思いがちだ。会話がへたくそな人ほど、そうした傾向がある。巷《ちまた》には、雑談が得意になるために、話の題材を提供するような本まであるが、いろんな話題を持ち出して、べらべらしゃべる人は、本当はあまり会話が上手ではない。

本当に会話が上手な人は、そうしたとってつけた話題など必要としない。そうしたものは、会話の邪魔でしかない。本当の会話とは、相手の反応に題材を見つけ、話を深めていくものである。相手がせっかくその題材を提供してくれているのに、それに反応しないで、自分がネットか雑誌で仕入れてきた話題をべらべらしゃべったりすれば、その鈍感さに呆れられ、迷惑がられるだけである。

相手の答えの中には、相手が話したいことや関心をもっていることのヒントがある。あるいは、今はあまり話したくないというメッセージがある。まずそれを読み取って、それに反応できるかどうかが、相手が会話を続ける気になるかどうかを決定するのだ。応答性に優れている人は、相手の反応をしっかりと捉え、相手が求めている反応を返すことができる。相手は、この人は話が通じると感じ、心を開いていく。

まずは、日々の会話でこのトレーニングを積み重ねることである。相手の話にしっかりと耳を傾け、相手が何を求めているのかを読み取り、それに応えていく。この基本がしっかりできるようになるだけで、人間関係は驚くほど安定し、うまくいくようになる。

†ほどよさが大事だが、例外も

応答を活発にすれば、親密さは深まりやすいのだが、度が過ぎると、逆にうっとうしくなる。ほどよさが必要なのである。その場合の基本は、相手が応えていないのに、また働きかけを行うことは、原則NGだということだ。相手が応えたら、それに応えるという相互性が原則である。

相手と親密さの度合いを高めていこうとする場合には、徐々に応答する頻度を増やしていく。それに応えて、相手も応答を増やしてくるようならば、かみ合っているということであり、互いに親密さを求めていることになる。ところが、こちらが反応を出したのに、相手からそれに対する反応が返ってこないという場合には、あまり近づかないでというメッセージを出しているのであり、こちらの働きかけも減らした方がよい。

ストーカーという状態があるが、相手からの反応がないのに、一方的な働きかけを行い続けることであり、応答性を無視して、一方が過剰に愛着行動に耽っている状態だと言える。相手がストーカー化してきた場合の対処の基本も、応えないということである。少しでも応答してしまうと、まだ脈があると錯覚し、それだけ収束が遅れてしまう。一切反応しなければ、やがて相手もつまらなくなって、ストーカー行為も沈静化することが多い。

応答性が失われた状態が、関係が破綻した状態であり、そうならないためには、相手の反応のペースに合わせて、こちらも反応するということなのである。

少し反応を増やして、相手が乗ってくるかどうかで、相手の本気度や感触がわかる。ただ、相手の反応を待っているだけでは、ことは進展しない。消極的な性質の相手には、積極的に反応を増やし、リードしていくことも重要になってくる。

応答性の原則を逆手に取り、例外的に逸脱することで、非日常的なインパクトを生む場合もある。演技性や反社会性のタイプは、この手法で相手の意表をつき、ハートを射止めるということを得意とする。そうした技を取り入れることも、ときには有効だ。ただし、あくまでそれは例外的な行動である。何度も繰り返せば、単なるストーカーか犯罪行為になってしまう。

†アイコンタクトやボディタッチを活用する

演技性の人は、愛着の性質を知り尽くし、それを巧みに活用する。つまり本当に愛着しているかどうかはともかく、愛着したように振る舞うことで、相手に愛着を感じさせ、対人距離を縮めてしまう。その場合に、彼らがよく用いる手法の一つが、アイコンタクトやボディタッチを積極的に行うということである。

アイコンタクトは、視線と視線がふれあうだけなのだが、スキンシップと同じように愛着システムを活性化し、愛着ホルモンのオキシトシンの分泌を活発にする。つまり、目を見つめ合うだけで、親密さや好意が生まれやすいのだ。

演技性の人は、そのことを体感的に知っている。ウィンクしたり、じっと見つめることで、相手の心を捉えようとする。好意や信頼を得ようとすれば、話を交わしている間、できるだけ相手の目を見るようにすることである。相手も積極的に目を合わせてくれれば、体を触れあっているのと同じような効果が生まれてくる。

もちろん、ボディタッチは、さらに親密さを深めやすい。しかし、いきなり「ハグして」と言ったり、膝に乗るというのは、常人にはできないことである。嫌らしいとか非常識と思われずに、さりげなく相手の体に触れるためには、少々技がいる。よく使われるのは、肩もみマッサージをしてほしいと言って、自分の体に触れてもらうという方法である。逆に、「肩こってる?」と聞いて、こってるという答えが返って来れば、「ちょっともんでやろうか」と言うこともできる。もちろん、相手が拒否すれば、脈がないか時期尚早ということだ。

もう一つの技は、手相を見るというものだ。手相を見ようとすると、自然に相手の手に触れることになる。しかも、手相は運命を示すものであり、それを相手に見せるということは、心理的支配に陥りやすい状況に、自らを差し出すということだ。あなたに手相についての知識がある程度あれば、親密さや信頼を醸成するきっかけになるだろう。

†カミングアウトと自己開示

演技性の人は、どのようにして、相手の気持ちを揺り動かし、自分を受け入れてもらうだけでなく、味方につけてしまうのか。彼らが得意とする戦略の一つは、つらい過去や悲しい生い立ちを開示し、相手の同情を誘うということである。

ルソーがヴァラン夫人のハートを摑んだのも、石川啄木が金田一京助や与謝野晶子の助力をほしいままにしたのも、悲しい身の上を明かし、放っておけないという気持ちにさせたからだ。

この方法は、相手が自分の助けになるかどうかを見定める上でも、極めて有効だ。仮に反応が悪く、そんなことを自分に言われてもという素っ気ないものだとすれば、その人には、つけいる余地がないということであり、それ以上に無駄な労力をはらう必要がない。相手が放っておけないという反応をしたときだけ、食らいついていけばいいのだ。多くの支援が見込めるのは、間違いなく後者だからだ。

悲しい出自を打ち明けるのと同じ効果をもつのが、自分の弱点や障害、トラウマ的体験について打ち明けることである。打ち明けられた相手は、話の内容にショックを受け、そうした体験をした目の前の存在に同情を覚える。そして、同情ほど、愛情に変わりやすい感情はない。かわいそうだと思う気持ちは、母性的、父性的な感情と同じであり、支えになろうと行動を起こすうちに、その対象は、もはやその他大勢ではない特別な一人になっていく。それは、愛しく思う気持ちの始まりでもある。

†借金の天才だった野口英世

野口英世が、周囲の助力を引き出したのも、幼いときの火傷がもとで不自由になった手で、ずっと苦労し、そのハンディを抱えながら、医者になろうと頑張っているというストーリーに、多くの人が抗えない感銘を覚えたからだ。英世は、自分の恩師や手術をしてくれた医師の引き立てを受け、学業を続けることができた。

そうした中で、彼は自分のハンディのことを持ち出せば、多くの人が自分のために尽力してくれるということを学び、そのことに甘えるようにさえなっていた。学業のためと支援者から引き出した金で、派手に遊んでしまうということもあった。アメリカに渡航するときは、みんなから餞別として集めた多額の渡航資金を、壮行会の祝宴の勢いのままに、芸者を上げてどんちゃん騒ぎをし、一晩で使い果たしてしまう。これではアメリカに行けないと、また後援者に泣きつくという始末だった。普通なら見放されても仕方のないところだが、後援者は衣類も家具一切も抵当にいれ、高利貸から借りて作った金を英世に渡したのだった。(18)

アメリカから帰ってきたのは、十五年もたってからで、その頃には、ロックフェラー研究所の研究員となって、破格の高給を取っていたにもかかわらず、日本に帰る費用さえ、また後援者に出してもらったもので、借りた金も結局返さないままに終わった。

身上《しんしょう》が傾くくらい、英世に貢いだ支援者の一人は、自分の子どもに、「男にだけは惚れるな」と言い残したという。それくらい入れ込んでしまう抗しがたい魅力を、英世はもっていたということだろうが、それは手の火傷なくしては培われなかった特技かもしれない。

英世は、誰もが自分のために力になってくれるという強い愛着期待をもっていた。それが彼の大きな強みであり、難局を切り抜ける力となった。自分が助けを求めたら、必ず助けてもらえるという愛着期待のそもそもの源泉は、母親への絶対的な信頼感に由来していた。長男として溺愛されたうえに、母親には、我が子に火傷を負わせたという負い目があり、貧しい中でも、英世が望むことなら何とかかなえてやろうとしたのだ。怠け者の夫は頼りにならず、英世にすべての期待をかけて育てたのである。

アメリカに渡ったのも、正式のルートではなく、来日したジョンズ・ホプキンス大学の教授の通訳を務めたときに、儀礼的にかけてもらった、「いつかアメリカに来なさい」という言葉だけが頼みの綱だった。もちろん当の教授は、そんな言葉をかけたことさえ忘れていたので、日本から本当に英世が訪ねてきたときには、驚愕した。結局、英世を追い返すこともできず、助手としておくことになったのだ。

微かなツテさえも、チャンスとみたら、しがみつき、絶対に後に引こうとしない図々しさは、成功する人に共通する傾向だと言えるだろう。遠慮などしていたのでは、チャンスは来ないのである。

†自分から裸になる

自分の恥部や隠すべき過去をさらけだし、相手に打ち明けるという行為は、自己開示であるとともに、親密な関係への強力な誘いでもある。自分の恥部をさらけだすということは、言葉を換えれば、裸になるということであり、それは相手にも裸になることを誘っているのである。

実際、親密な関係が深まっていくときには、相手が自分の過去や内面の話をさらけ出すと、それに呼応する形で、こちらも自分の過去や内面を語り出すということが起きる。自己開示は、相手の自己開示を誘発し、親密さが深まっていくというのは、親密さを高める上での重要な原理なのである。

付き合っている彼氏やうまくいっていない夫のことを相談するうちに、相談に乗ってもらった知人や上司や弁護士と、ねんごろな関係になってしまうということは、よく出会うケースである。実は、意中の人に、相談に乗ってもらうという形で、アプローチしているという場合もある。意識的か無意識的かはともかく、悩みを打ち明け、相談するというのは、親密な関係を誘発する効果的な手段なのである。

逆に、自己開示を避ける人は、親密さが深まりにくい。相手が自己開示してきているのに、それに応えず、うじうじと表面的な話でお茶を濁すことは、相手が求めている親密さを拒否しているということであり、相手はこちらに壁を感じて、それ以上接近しなくなる。傷ついたように感じ、こちらのことを恨むようになる場合もある。自分だけが裸になったのに、こちらは裸になってくれなかったのだから、恥をかかされたと思ってしまうのだ。自己開示をしてくるということは、好意と信頼の表れであり、相手の話に共感しつつ、こちらも自己開示して応えていくことが、関係を深めていくうえで不可欠なのである。

逆に言えば、親密な関係になりたくない相手に対しては、自己開示をしない、させないということが、重要になる。プライベートな情報を与えたり、思い出話をしたり、自分の気持ちや悩みといったことを、その人の前では口にしないようにする。また、相手がそうした話をしてきても、深入りして聞き過ぎないようにする。

こちらにその気がなくても、ついそうした話をしたり、聞いたりしてしまうと、相手によっては、こちらが親密さの証として、そうした話をしてきたのではないか、聞いてくれたのではないかと勘違いしたり、それがきっかけで、こちらに特別な関心を抱いたりするようになることも珍しくない。

自己開示をすることは、肌を見せるのに等しい意味をもちかねないというリスクの部分も知って、行動する必要がある。

†上手な嘘をつく

演技性の人がよく使うもう一つの手は、上手な嘘をつくというテクニックだ。生真面目で、演技性の傾向があまりないタイプの人は、事実と違うことを言うことは、悪いことだという思いが強い。そのため嘘がつけない。その点にこだわり、面倒な事態になってしまうことも多い。正しいかどうか、事実かどうかということを優先してしまうのである。

演技性の人は、そもそもそういう発想をしない。事実か作り事かということ自体、その区別にあまり意味がないと感じている。作り事であろうと、それが言葉となって交わされれば、それも一つの事実だというくらいに思っているのだ。

彼らがもっと重視するのは、相手がそれで喜ぶかとか感動するかということであり、またどれだけ注意を惹けるかということだ。事実をいくら並べても、誰も振り返ってくれなければ、結果として最悪である。少し嘘や作り事が混じっていようが、相手が喜んだり、愛情やお金をくれれば、そっちの方がずっといい。いいに決まっている、という基準で考える。

質のいい演技性の人は、誰も傷つかないような嘘をつく。相手を喜ばせ、その気にさせ、こちらも潤うことになる。病的な演技性の人は、後で嘘だとばれるようなことを言ってしまう。ばれるとわかっていても、言わないではいられない。

出自や経歴に関する嘘というのも、演技性の人にはよくあることだ。親しくなれば、後でボロがでることは時間の問題なのだが、自分を良く見せたいという願望の方が勝って、つい華やかに脚色してしまう。反抗や革命に生きたはずのマルローでさえ、学歴や経歴を詐称していた(積極的に詐称したというよりも、間違えを訂正しなかったのかもしれないが)。ジャックリーヌ夫人の場合は、父親は名門の出身ということになっていて、一家の歴史を記した書物まで刊行されているが、どうやら一家の歴史も書物の内容も、でっち上げた嘘っぱちのようである。浅はかな匂いがするとは言え、それらしく装うことも、秘密めかしたり、由緒あるように見せかけるのも、重要な演出なのである。すべては自らを高く売るための知恵なのだ。そうした営みによって、実際に社会は動いてきたのである。

†自己愛をくすぐる技術

演技性の人は、ある意味リアリストである。理屈でどうかではなく、実際にどうかが重要なのである。演技性の人では、言語理解といった言語的な能力は意外に低く、むしろ動作性の能力が優れていることを、先の章で見た。彼らは言葉で考えると言うよりも、体で考えるのだ。本能的に本質を見抜き、それに従って行動する。

演技性の人が見抜いている人間の本質とは何だろうか。それは、人は自己愛で動くということだ。つまり、自分を喜ばせる存在や自分を愛してくれる存在を愛するという原理だ。彼らはそのことを本能的に、あるいは経験的に知っている。そして長い時間をかけて、その技を磨いてきた。

たとえば、何の好意や関心も抱いていないとしても、相手に好意や関心を抱いているふりをすることで、相手の自己愛がくすぐられる。内心はあまり感心していなくとも、共感や賞賛を与えることで、相手の心はさらにアップし、自分に元気を与えてくれる存在に好意をもつ。この基本的な原理を、生きていく上での行動基準として徹底的に活用しているのである。

それは演技やふりであるが、女優が役になりきって涙を流し、観客の涙を誘うことができるように、演技性の乏しい人が真心から行う共感や反応以上に、真実みと迫真性を帯び、相手の心を揺さぶる。苦しげにすすり泣いたり、痛々しく顔を歪めたりする姿を見ると、どんなことをしてでも、このか弱い存在を守りたいと思わせる力を持っている。それは、理屈で説得したり、力ずくで動かそうとするよりも、はるかに効果的に相手の決意ある行動を引き出すことができる。それは、この存在を守ってやれるのは、自分だけだと思わせることに成功したからでもある。それもまた自己愛をくすぐる戦略なのである。

もちろんそうしたことを計算ずくで行っているとは限らないが、最初は巧まざる行為であったとしても、成功体験を積むうちに、そうした行動の有用さを学習し、意図的に活用するようになる。

†誰もが認められたい、愛されたい

イタリア人は、女性と見ると、すぐに口説くと言われる。「きれいだね」とか「愛してる」といったことを挨拶代わりに使うということもよく言われ、実際そうらしい。だが、そのことは、イタリア人がもてることと、不可分だろう。

今日の日本では、そんなことを気軽に口にしたら、セクハラで訴えられかねないが、そういう危険を顧みず、女性に積極的に声をかける男性は、風采や収入に関係なく、女性にもてる。女性たちは、半分嫌がりながらも、馴れ馴れしく話しかけてくる男たちの口先だけのお世辞や誘いに、いつのまにか乗ってしまう。なぜだろうか。答えは簡単だ。誰もが自分を認めてほしいし、愛されたいからだ。

全然気のない相手であろうと、「きれいですね」とか「すてきですね」と言われて、憤慨する人はあまりいない。人が自分を褒めてくれたことを、人生の特別な出来事として、よく覚えていたりする。それは、そういうことは滅多に起こらないからでもある。とてもきれいな人でも、そんなにしょっちゅう「きれいですね」と言われるわけではない。そう心に思っていても、たいていの人は素知らぬふりをする。そうする方が、奥ゆかしく、こちらのプライドを守れると思っているからだ。自分から好意を示したり、下心を見抜かれることは、みっともないことで、軽蔑を受けかねないと恐れているのだ。

そうした点から言えば、自分からアプローチしたり、自分の好意を率直に打ち明けることは、プライドが傷つくかもしれないというリスクを顧みない勇気ある行動だと言える。そうした犠牲を払い、勇敢にも自分が愛するに値する存在だと告げる行為に対して、警戒はしつつも、内心悪い気はしないのである。

相手にほんの少しでも好意があれば、それはより高められるだろう。その言い方が、堂々としていたり、すがすがしいものであれば、その勇敢な率直さに、いっそう好感を覚えるかもしれない。

誰もが自分の価値を認められ、愛されたいと願っている。表にはださなくても、心ひそかに、特別な関心や賞賛が与えられることを期待している。だが、そんなことは滅多に起きない。それゆえ、そんな体験を与えてくれる存在を悪くは思えない。多くの場合は、好感を抱く。自分を認め、讃える存在を、認め、讃えるようになる。逆に、貶《けな》し責める者は、貶され責められる。自己愛の作用・反作用の法則だ。社会的知性に優れたものは、そのことをよく知って行動する。それが本当の頭の良さなのである。

ところが、生半可に頭のいい、理屈や常識に縛られた人は、論理の筋だとか、正しさとか、事実かどうかといったことにばかり気を取られ、議論で相手に勝とうとしたり、事実と違っているからと言って、相手を責めようとする。しかし、そんなことをしても、余計に相手を否定し、傷つけ、感情的にさせ、関係を悪化させるだけで、何のメリットもない。

優れた社会的知性は、人間関係において大事なのは、正しいかどうかではなく、相手も喜び、こちらも得をすることだと考える。つまり、相手の自己愛をくすぐることが、自分も愛されるだけでなく、恩恵を手に入れる方法だということを体得しているのである。

†意表をつく行動

演技性の人がもちいる、もう一つ特徴的な戦略は、相手の意表をつく行動で、相手の警戒心を麻痺させ、非日常的な心理状態にさせてしまうということだ。

多くの人は日常の繰り返しに安心を得ると同時に、変わらない日常の刺激のなさに飽き飽きしている。非日常的な出来事が、自分の身に起き、この倦み疲れた生活から救い出してほしいという願望をひそかに抱いている。演技性の人の最大の才能は、非日常性を作り出すということにある。日常的な常識や予想を裏切り、意表をついた行動に出ることで、相手を呆気にとらせ、理性を麻痺させ、非日常的な気分にさせてしまう。

非日常とは、普段は抑圧している願望が、解放を求める瞬間でもある。人生において滅多に経験しない特別な出来事が目の前に起きることによって、常識的な理性の呪縛や批判を解除し、まるで救世主や天使が現れたかのような気持ちにさせるのである。

意表をつく行動は、危険や世間体を顧みない急接近であったり、無防備に自分をさらけ出す行動であったり、特別な贈り物や演出であったりする。

†オノ・ヨーコはいかにしてジョン・レノンを射止めたか

後にジョン・レノンの妻となるオノ・ヨーコが、ロンドンにやってきたとき、前衛芸術家としてニューヨークでは多少名前が知られていたものの、ロンドンでは無名に近い存在だった。ヨーコには、二人目の夫であるトニーと幼い娘がおり、ほとんど無一文に近かったため、家賃を払う金もなく、知人宅に泊めてもらっていたような状況だった。そんなヨーコが、なぜ世界的トップスターであり、妻も子もいて幸せに暮らしているジョン・レノンのハートを射止め、我が物にすることができたのだろうか。

まずヨーコがしたことは、前衛芸術家として、ショッキングなパフォーマンスでロンドンっ子の度肝を抜いたことだ。評判になって、あちこちのパーティに呼ばれたり、有名な画廊から個展の話が舞い込むようになる。その画廊には、ジョン・レノンも出入りしていることを知ると、ヨーコは、そのチャンスを逃さなかった。

ヨーコとジョンの出会いは、すべて計算し尽くされた、ヨーコの演出によるものだったという。(19) 真っ白な画廊に黒ずくめの衣装をまとったヨーコは、ジョンと交わす目線の角度まで考えていた。ヨーコの方が高い位置にいて、ジョンからはヨーコを見上げることになったのだ。まるで救世主が降臨するように、ヨーコは、ジョンの前に降り立ったのだ。

ジョン・レノンの名前を聞いても、ヨーコは特別に反応せず、一人の無名の男に接するように接した。有名人としてちやほやされることになれきっていたジョンには、かえってヨーコの反応が新鮮だったに違いない。ジョンは、その日以来、ヨーコに関心を向けるようになったのである。

だが、ジョンの関心は、まだ興味深い女流芸術家がいるという域を越えないものだったに違いない。積極果敢な攻勢をかけ続けたのは、ヨーコだった。ヨーコは、偶然を装ったり、仕事にかこつけたりして、ジョンに会おうとした。あくまでも新進の芸術家というスタンスで、自分の仕事をジョンに紹介したり、自分の作品集にジョンの寄稿を依頼したりした。

ジョンは気軽に、作品集への寄稿に応じたが、これはヨーコからすれば、してやったりだっただろう。ジョン・レノンという大物スターに、自分の作品の賛辞を書いてもらえるというだけでも、途方もない成功だったが、ヨーコはそれだけでは満足しなかった。

その作品集が完成して、ジョンのスタジオで手渡すと、ジョンは好意的な感想を言ってくれた。その反応を見るや、ヨーコはすかさず、ある話を持ち出す。新たな個展を計画しているが、資金の問題があるというのだ。実は、個展の計画などなく、その場でヨーコが思いついた話だったのだが、ジョンは必要な五千ポンドの資金を出そうと気軽に申し出る。そこから二人の関係は、大きな一歩を踏み出すことになる。

†助けるほど思いは強まる

願い事をして、聞いてもらうというかかわりの持ち方も、親密な関係を深めていく上で、極めて有効な方法である。困った人から助けを求められるということが、保護本能をかき立てるだけでなく、実際に支援することによって、さらにその思いが強化されていく。

ウェブスターの小説『あしながおじさん』は、施設で暮らす孤児の少女が、進学を諦めかけたときに、名も知れぬ男性が支援を申し出るというところから始まる。支援を受ける条件は唯一つ、定期的に手紙を書くことだった。名前も知らず、わずかに垣間見た姿と言えば、男性が立ち去りかけたときに映った長い影だけで、少女は、男性のことを「あしながおじさん」と呼び、学校での様子を手紙に書き続ける。いつしか少女も、そして、男性の方も、互いを愛するようになる。手紙という自己開示を通じて、開示する方もされる方も、親密な絆を感じるようになっていったのだろう。単に孤児と支援者の関係ではなく、互いが特別な存在となっていったのである。

オノ・ヨーコに話を戻せば、ジョンが資金援助を申し出た時点で、自分に特別な好意を抱いていると確信したに違いない。だが、実際には、ジョンはそこまで積極的な気持ちだったわけではないだろう。あくまで新進の芸術家を応援したいという気持ちだけだったのかもしれない。それに、ジョンは、子どもたちや家庭のことを大切にしていた。それを犠牲にしてまで、危険な関係に進んでいくことは、考えられないことだったに違いない。そんな状況で、いかにしてヨーコは、ジョンを動かしていったのか。

それは、なりふり構わない積極攻勢だった。頻繁な手紙や電話。そして、自宅にまで押しかける。そこでは、ジョンが妻子と暮らしていた。あるときは、ジョン一家が乗っている車に、ヨーコが無理矢理乗り込んだこともあった。妻が怪しんで、一体何者か問うと、ジョンは「頭のおかしい芸術家なんだ」と答えたという。

そう言って素知らぬふりをしたジョンだったが、その実は、常識など超えたヨーコのスタイルに、いつしか自分の救済者を見いだしていた。

ジョンの中には、平穏な家庭生活を守りたいという気持ちとともに、それに倦み、解放を求める気持ちが混在していた。ヨーコは、ジョンの中で抑えられていた後者の気持ちに火をつけ、それをジョン自身に代わって実現していったのである。妻子を押しのけ、割り込んでいく厚顔なパワーがなければ、その〝偉業〟は決して成し遂げられない。道徳や倫理観に縛られない者だけが、それをなしえる。それは、反社会性の特性に通じる魅力でもある。

†理性を麻痺させる反社会性の魅力

人間は正しいことや善いことにばかり動かされるのではない。人間には、悪いことや不道徳なことに惹かれ、突き動かされる一面もある。この事実を無視して、理想の人間を期待したところで、裏切られるだけだ。

かつて、恋愛小説のロマンチストの男性主人公が、振られるときに浴びせられる決まり文句は、「私は、あなたが思っているようなきれいな人間ではありません」というものだった。額面通りの意味は、清らかな理想像を自分に押しつけられても困るというものだが、もっと腹の底の本音は、「真面目なだけの、男性的な魅力に欠けた男になど、気色悪くて、抱かれる気がしない」という意味だ。

現実の女は、女と遊んだ経験もないような初《うぶ》な男よりも、何をしてくるかわからない危うさと、女の扱いを心得た経験豊富な手管を備えた男の方に惹かれる一面をもっている。上手にその気にさせてと思い、それができる男に魅力を感じるのだ。

反社会性の能力は、もっと野蛮だった時代に、命がけで女を奪ったり、果たし合いをしてライバルを倒したり、命の危険を顧みず、敵軍に切り込んだりする勇敢さの源であった。体制が定まった平和な時代には、「反社会性」という〝汚名〟を着せられてしまうが、力と勇気だけが頼りの、動乱と革命の時代には、生き延びるためにもっとも求められる能力なのである。長い進化の歴史において、反社会性のパワーは、生き延びることに役立ってきたから、いまもその特性は受け継がれている。反社会性のパワーを備えた者に惹かれてしまうのも、それが子孫を残すことに有利な特性であることを、遺伝子に刻まれた本能が知っているからだ。それゆえ、反社会性の魅力をうまくアピールすることが、人々を振り向かせ、賞賛の念をいだかせるのには必要なのである。

†既存の価値観を侮蔑し破壊する

では、反社会的な魅力をどのように醸し出せばいいのか。

反社会的な魅力とは、ただ暴力的だったり、違法なことをしたりすることにばかりあるのではない。その魅力の本質は、社会の規範や常識的な価値観に逆らうということにある。主流となっている価値観に、ただ従うというのでは、その魅力は生まれないのである。

人々の中には、慣れ親しんだ既存の価値観や体制に安住しておきたいという思いとともに、既存の世界を、その価値観とともに破壊してやりたいという願望が潜んでいる。日々の不満が鬱積しているほど、また、若いエネルギーが充溢しているほど、破壊的な願望は強く、天地がひっくり返るような出来事を望むものだ。

日本のように高齢化し、若いエネルギーが乏しくなった国では、さすがに体制をひっくり返すような大変動を求める気力もないだろうが、それでも、権力者が失墜したり、著名人がスキャンダルにまみれて、バッシングを受け、笑いものになることに気晴らしを求める。小規模とはいえ、それは小さな下克上であり、王座の転覆劇であり、既存の価値が破壊されることに、人々は喝采を送るのである。

前衛芸術や新しい思想といったものは、既存の価値を侮蔑し、破壊することで、人々を熱狂させ、一つのムーブメントを作り出した。そのムーブメントが成功するためには、より激しく、既存の価値や常識を攻撃し、徹底的に破壊する姿勢が必要なのだ。

新しい才能が登場するとき、それが強烈で新鮮なインパクトを持つためには、既存のスタイルや美意識を打ち破ったものでなければならない。いくら才能を備えていても、真の才能として認められるためには、破壊的な新しさが必要になる。どんなに成功したものでも、何十年も同じことを繰り返すのでは、真の創造ではなく、単なる経済活動になってしまう。

ピカソがなぜ人々を熱狂させ続け、偉大な芸術家であり続けられたかという理由の一つは、彼が自らのスタイルを破壊し続けたということにある。並の人間は、自分の成功体験に縛られて、それを超えられなくなっていく。ピカソの中に備わった、危険なまでの反社会性が、一つの規範に安住することを許さなかったのである。

†デマゴーグたちの常套手段

民主主義においては、大衆を煽り、世論を動かすことが、政治家として成功するかどうかを左右する。民衆政治家であるデマゴーグが、大衆の心をつかみ、思い通りに操る上で、しばしば用いてきた常套手段も、既存の集団や利権団体に標的を定め、そこに憎しみと攻撃の集中砲火を浴びせることである。

そうした才能をいかんなく発揮した政治家の一人が、小泉純一郎元首相であろう。自らが自民党の代議士でありながら、「自民党をぶっ壊す」といったスローガンをかかげ、郵政選挙に大勝するといった手法は、織田信長の桶狭間の戦いにも通じる、天才を感じる。

常識では考えられない発想に見えるが、多くの人がとらわれている既存の価値や常識を破壊しようとするとき、もっとも強い熱狂と喝采を呼び起こすことができるという原理から すると、その原理に忠実に従ったものだとも言える。

ただ、常識的な人は、常識の呪縛のために、その原理を使いこなせない。常識の延長でしかない、退屈なことしか言えない。人が何に喝采するかを見通せるだけでなく、その人の中に、既存の価値と戦うことを辞さない、破壊的なエネルギーが備わっていないと、多くの人を動かす熱を生み出すことはできない。

演技的なマキャベリ的な能力だけでなく、反社会性と根元を一にする破壊的なパワーが必要なのである。

小泉純一郎氏が、どのようにしてその〝天才〟を育んだのかということは、精神医学的にも興味深い点である。自らを「変人」といい、社交よりも、部屋にこもってクラッシックやオペラを鑑賞することに喜びを見いだす、孤独を好む面と、人々の意表をつく発言やパフォーマンスで、大衆の人気をほしいままにする面とが、併存している。

三人の姉の下に長男として生まれた純一郎氏は、跡取りとして大切に育てられる一方で、姉たちの支配を受けざるを得なかっただろう。

高校生頃までの純一郎氏は、おとなしく、内気で、目立たない存在だったというのが、大方の印象であるようだ。祖父、父と二代続く政治家の家で育ったが、彼は政治家の家に生まれたことを、あまり喜んでいなかったという。支援者がひっきりなしに、生活の場にも入り込んでくることが、自分の世界を大切にしたい純一郎氏からすると、嫌だったのかもしれない。高校時代の親友には、政治家ではなく、英語が得意なことを生かして、外交官になりたいという希望を語っていたという。(20)

そんな目立たない彼が、一度周囲をあっと言わせたことがあった。それは、中学二年の時のこと、遠足に出かけたバスの中で、彼はプレスリーの「ラブ・ミー・テンダー」を英語で熱唱したのだ。意外な才能に驚いたクラスメートたちから、大喝采を受けたという。(21)こうした体験は、意外にその人の人生を変えたりするものだ。

オバマ元大統領が、政治を志すきっかけとなったのは、あるとき、大学の集会でスピーチをしたところ、大喝采を受けたことからだったと、自伝で回想している。(22)それまで自信があまりなく、話し下手だと思っていたのが、その経験を境として、がらっと変わることになったのだ。周囲から見れば、ありふれたことであっても、小さな成功体験がその人を変えるということは、よくあるのだ。

純一郎氏の中に眠っていたもうひとつの能力が本格的に発揮されるのは、二浪して慶應大学に入ってからである。外交官を目指していた彼は、当然東大に入りたかったのだが、それはうまくいかず、慶應大学に落ち着いた。浪人生活の鬱屈をはらうかのように、ダンスホールで踊りまくり、「結城純一郎」という変名で、かなり知られた存在だったという。

そして慶應横須賀学生会の会長を務め、OLや女子学生を集めてダンスパーティを催し、パーティ券を売りさばくなど、政治的手腕の片鱗を発揮し始めたのである。時には羽目を外すこともあったのだろう。武勇伝がたたってか、横須賀に居づらくなり、ロンドンに所払いになったという、まことしやかな噂もあり、首相になってから、国会で追及される騒ぎになったこともあった。[23]

そうした危なっかしい一面は、常識的な見方からすると、「あのクリーンな小泉さんが、そんなやんちゃをしてたの」と受け取られるかもしれないが、そうした一面があるからこそ、人々の心をわしづかみにし、熱狂させる博打も打てるのだ。

ちなみに、純一郎氏は、花札も麻雀もうまく、博打好きだったとも言われる。その腕前は、その膝によく座っていた祖父直伝だったとか。祖父の又次郎氏もまたユニークな政治家で、背中に入れ墨が入っていたことでも知られる。常識を破壊する能力の源泉は、祖父に由来するものだったのかもしれない。

純一郎氏が政治の道に足を踏み入れざるを得なくなったのは、ロンドン留学中に父親が急死したことによる。急遽帰国して、弔い合戦で立候補したが、このときは落選している。その三年後、二度目の挑戦で、初当選を果たす。

政治家としてというよりも、一人の男性として、純一郎氏の人生を理解するうえで、鍵を握るとも言える大きな出来事は、前妻との離婚である。妻となる女性と、純一郎氏が出会ったのは、彼が三十六歳のときで、女性は二十一歳の学生だった。製薬会社の会長の孫娘で、テニスやゴルフの得意な活発なその女性に、純一郎氏は一目惚れしたという。見合いの翌日にはデート。その夜には、女性の家に結婚の挨拶に行ったというから、よほど意気投合したのに違いない。純一郎氏らしい即断と行動力だ。

子宝にも恵まれたが、次第に夫婦の関係は行き詰まっていく。スタートから、財界の大物である女性の祖父が結婚に反対し、順風満帆とは言えなかった。俗説では、純一郎氏の姉たちの干渉や嫌がらせがきつく、それに耐えられなかったのではないかとも言われている。離婚のケースを数多く見てきた経験から言えば、純一郎氏が、妻の気持ちを受け止めたり、姉たちとの確執があったりという面倒な問題に、きちんと向き合おうとしなかったのではないのかとも思ってしまう。

そこには、純一郎氏の孤独を好む回避的な側面が影響したかもしれないし、姉たちには頭が上がらず、妻の側に立つということができなかったということも推測される。

逆に言えば、その裏返しとして、外では主体的に行動し、リーダーシップを発揮する自分を演じていたとも言える。パフォーマンスで大衆のハートをつかむことと、妻や姉という、手のうちを何もかも知られた相手と、うまくやっていくということは別なのであろう。純一郎氏の場合は、距離の遠い関係を得意とした。演説者と聴衆といった距離の遠い関係であれば、パフォーマンスできるスペースが確保されるが、親族との関係となると、そのスペースはない。至近距離で顔をつきあわせてのかかわりとなると、面倒に感じてしまい、他人事のような態度をとってしまうのかもしれない。

結局、妻は三人目の子どもを身ごもったまま、実家に帰るという最悪の事態を迎えることとなった。純一郎氏は、離婚となったとき、姉にこう語ったと伝えられている。「去る者は追わず、来る者は拒まず、だ」と。苦渋の決断の末の言葉だったのかもしれないが、割り切りすぎのような冷たさを感じてしまうのは私だけだろうか。

一般大衆や観衆に親密な気持ちを抱かせることと、実際に親密な関係を築くことは、別の能力のなせる技なのである。そして、演技性の能力とは、前者である。それゆえ、演技性の能力に長けた人と出会うと、初対面がもっとも魅力的に見える。そして、会えば会うほど、身近で一緒に暮らすにつれて、その魅力は薄れ、逆にオーバーアクションなところや、真実みのなさばかりが気になるようになり、すべてが嘘っぽく、本当の心というものが感じられなくなっていくということも起きやすい。

純一郎氏の場合はどうだったかはわからないが、ただ、言えることは、そうした側面があったとしても、それは、政治家として成功するうえで、必要な要素だったということだ。ただの誠実な善人では、政治家はおろか、この社会で成功を収めることは難しいのである。

†肥大した自己愛がもつ力

演技性や反社会性とともに、人を惹きつける上で力を発揮するのが自己愛性である。自己愛性の本質は、自分を神のように感じる誇大な自己意識とそれを裏付けるための強い自己顕示欲求である。万能の神であるがゆえに、どんなことでも達成できるような自信と、堂々とした揺るぎない態度も特徴である。それゆえ、自信のない人や判断を頼りたい人から見ると、とても信頼できる存在に思える。「任せなさい。私があなたを救ってあげましょう」と確信をこめて言われると、お願いしようかなと心が動くのである。

自己愛性の人は、自分のことを大変な重要人物だと思っているので、自らそうした態度を取る。すると、不思議なもので、周囲もそれにいつのまにか合わせて、その人を重要人物として扱うようになる。あんなに偉そうにしているのだから、偉いに違いないと思ってしまうのだ。態度の大きさに気圧《けお》され、周りはつい平身低頭してしまう。当然のごとく要求されると、応じるしかないという錯覚に陥り、言いなりになってしまう。押しが強く、強引で、逆らいでもすれば、怖い顔で、とんでもない大罪でも犯したように罵られる。気の弱い相手は、蛇ににらまれたようなもので、体がすくんで何も言い返せない。

自己愛性の強い人が、相手に接近しようというときも、その特徴がよく出る。自己愛性の人は、興味をもった相手には、小細工など弄さず、堂々と近づいていく。しっかりと相手を見据え、近すぎるくらいまで接近する。そのまなざしは、親密さというよりも、どこか見下したような、つまらないものでもみるような尊大さやあざけりを含んでいる。相手が凝視に堪えきれず、戸惑い、不快に感じて目をそらしたりすれば、もう術中にはまりかけている。

このタイプの人にとって、相手のプライドをくじくことが、最初の勝負に勝つことなのである。相手は、この人は何者だと思い、自分が軽くあしらわれたように感じ、そうした扱いをする存在が気になってしまう。そうして近づいてきた相手から、褒められるにせよ貶されるにせよ、影響力を及ぼされやすくなるのだ。

†言い当てる技術

親しみや信頼を獲得するうえで原則となるのは、先にも述べたように応答性である。相手の話によく耳を傾けるとともに、相手の反応に的確に反応していく。それによって、相手に自分のことを受け止めてもらえていると感じさせることである。

そうした原理とも関係するが、マインドコントロールの基本的な技法に、イエス・セットと呼ばれるものがある。それは、相手が「そうです」「そのとおりです」とイエスで答えるほかないようなことを、こちらが言えば言うほど、相手の信頼が高まり、親密さが生まれるという経験則に基づく技法である。基本的なことを守れば、誰にでもできる技法だ。相手が間違いなく、イエスと答える質問をするためには、相手が言っていることを、そのまま質問文にすればよい。

たとえば、相手が、あることを好きだと言っていたとする。それに対して、「○○がお好きなんですよね」と言う。すると、相手は、「そうです」と答えるほかない。肯定的な答えが返ってくることで、こちらも、さらに質問を投げかけやすくなる。「どうして○○をお好きなんですか」と言った具合に、話を深めていきやすくなる。いきなり立ち入った質問をされても抵抗が生まれるが、自分がイエスと答えてしまってからだと、つい答えてしまう。

イエスと答えるのが、もっと積み重なると、さらに相手に対する信頼度や好感度が増しやすい。相手が話していることや、相手の表情を注意深く見守りながら、相手がイエスと答えそうな質問を慎重に投げかけていく。これが親密な関係に入っていくのに有効な基本的技法なのである。

あらかじめどこかで本人について情報を入手できれば、〝言い当てる〟ということもできる。「もしかして、○○がお好きなのでは?」「ええ、そうです。よくわかりましたね」「実は、私は××によく行っていたんですよ」「本当ですか。私も××にはよく行きました」といった具合に、偶然の一致があると、特別な出会いに思えて、親密さは一段と高まる。

逆に、相手が何か言うと、それにすぐ異を唱える癖がある人がいる。「でも」とか「というか」とか、「そうかな」とか、「ちょっと違う」とか、違いの方を自分から強調してしまう人は、相手に拒絶や否定のメッセージを送っているということを自覚しよう。あまり意味もなく、言ってしまっている場合は、とても損な口癖である。印象を悪くし、知らず知らず信頼も親密さも壊してしまっている。少し違っていても、同じところを見つけて、「〜と言われたけど、私も同感です（その通りだと思います）」と同じ点を強調するようにした方が、人間関係はずっとうまくいく。

第七章

幸福な対人関係を求めて

†親しくなることと、安定した関係を維持することは違う

第六章では、ふりをして演じる演技性の能力が、社会的知性の核となっていることや、演技性を初め、否定的に扱われることの多い自己愛性や反社会性といった能力を上手に活用することが、社会でうまくやっていき、成功するためには、意外に重要であることをみた。では、人を出し抜き、欺く能力や他人を巧みに利用する能力が、社会でうまくやっていくうえで、もっとも重要な能力だと言うのだろうか。

次ページの図は、社会適応と相関を示すさまざまな要因を示している。第三章でも触れたように、プラスの相関を示す要因には、演技性や動作性ＩＱもあげられるが、実はもっと強い相関を示す要因がある。社会適応ともっとも強い相関を示したのは、安定型愛着である。

逆に、負の相関が強かったのは、回避性の傾向や過敏で傷つきやすい傾向であった。過敏なためにかかわりを避けようとすることは、社会適応にとって、かなりマイナスに作用してしまうということである。

それゆえ、かかわりを回避し距離をとることで安全を確保しようとするのではなく、演

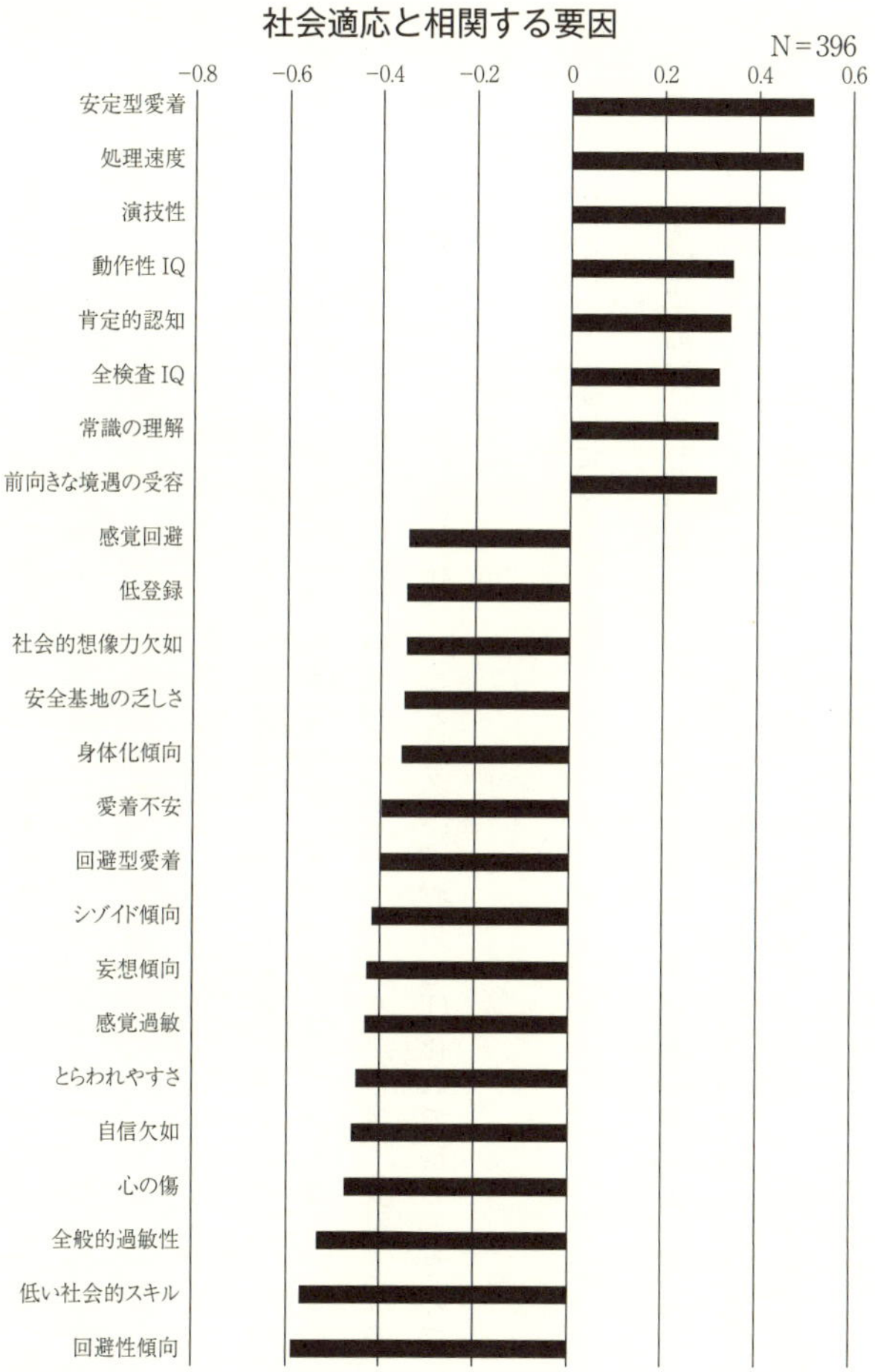

社会適応と相関する要因
N＝396
−0.8
−0.6
−0.4
−0.2
0
0.2
0.4
0.6
安定型愛着
処理速度
演技性
動作性IQ
肯定的認知
全検査IQ
常識の理解
前向きな境遇の受容
感覚回避
低登録
社会的想像力欠如
安全基地の乏しさ
身体化傾向
愛着不安
回避型愛着
シゾイド傾向
妄想傾向
感覚過敏
とらわれやすさ
自信欠如
心の傷
全般的過敏性
低い社会的スキル
回避性傾向

技性や自己愛性の戦略にも学びながら、賢くかかわりをもっていこうというのが、本書の一つのテーマなわけである。しかし、社会適応においても、そうした戦略的な要素がすべてではなく、もう一つ重要なファクターがかかわってくる。それが、安定した愛着という要素なのである。

巧みに相手に近づき、取り入ったり、相手を思う通りに操縦できたりしたとしても、それが長い目で成果を生むかどうかは、一時的な成功だけで決まるわけではない。親しくなることと、信頼関係を築くことは別なのである。本当の成功や幸福は、長続きする安定した信頼関係を築くことでしか得られないことが多い。打ち上げ花火で終わったのでは、何にもならないのだ。

†何かを手に入れることと、幸福になることは違う

一方、幸福度との関係で見ると、グラフは省略するが、生きがいや自信、肯定的認知とともに、自分が愛されているという思いや、安全基地となる存在がいるといった愛着の安定性に関係する項目が強い相関を示す。演技性との相関はずっと弱く、真面目で責任感の強い強迫性の傾向とほぼ同程度である。幸福になるために、少し寄与するとはいえ、脇役

に退くのである。自己愛性や反社会性は、わずかだが負の相関を示してしまう。つまり、幸福に寄与するどころか、足を引っ張ってしまいかねない。

相手をうまく垂らしこみ、接近して親密になり、一時的に自分のものにできたとしても、それは必ずしも幸福を手に入れるということにはならないのである。幸福は少し別のところにある。

親密になることは、必ずしも安定した幸福な関係を築けるということではない。親密になることは、その一歩でしかない。相手を惹きつけるだけでは、後が続かないのである。その先で問われるのが、長続きする関係を築いていけるかどうかなのである。そこにかかわるのが、安定した愛着関係をいかにして育んでいけるかなのだ。

†孤独な生き方は幸福か

世の中がばらばらになり、人々のつながりも散れじれになる中、孤独な生き方こそ幸福であるといった主張を、昨今よく見かけるようになった。もちろん孤独がとても性に合い、それを幸福だと感じる人もいるだろう。ただ、現状をおしなべて見ると、回避的な生き方や孤独な生き方をしている人が、幸福だとはとても言えそうもない。

生まれついて孤独が性に合っているシゾイドタイプの人であれ、あまり幸福だと感じていない人が多い。幸福度と負の相関がもっとも強かったのは、対人距離や回避型愛着だった。つまり、対人距離が遠い傾向の人ほど、また回避型の傾向が強い人ほど、あまり幸福ではなかったのである。

それゆえ、親密な関係を避けるよりは、それを持とうとする方が、幸福につながりやすいことになる。演技性の能力も、そこで必要になる。

ただ、せっかく親密な関係を手に入れても、その先に、もっと大きな関門が待ち構えているのである。

†感情の制御は幸福度と関係しない

幸福になるために、これまでさまざまな先人たちが、さまざまな理論を打ち立て、実践してきた。

幸福の理論として、もっとも古くからあり、今日でもそれなりに信奉されているものとして、心の平安こそが幸福を与えてくれるという考え方がある。仏教で目指す解脱《げだつ》や涅槃《ねはん》といった境地は、さまざまな苦悩やとらわれを脱した状態であり、最高の理想とされる。

また、古代ギリシア・ローマで、大いに人気を博したストア派の哲学では、快楽や欲に支配されない、精神のアタラクシア（平穏）を得ることにこそ、幸福があると考えられた。

仏教では、修行や祈りによって、その境地を得ようとし、またストア派でも、修行や禁欲によって、忍耐心や自制心を高めることが大切だとされた。昨今、マインドフルネスや瞑想がブームになり、不安やストレスなどへの効果が科学的にも裏付けられたりしているのも、何千年来続く幸福を助ける技術の伝統にしたがったものだと言えるだろう。マインドフルネスは決して新しいことではなく、何千年来の伝統の技に立ち返ることなのである。

ただ、その実践は、短期的には効果があることが証明されているのだが、果たして、瞑想により心の平安を取り戻すことで、われわれは本当にこの社会で幸福になれるのかという点に関しては、何ら明らかな答えはない。

もし仏教やストア派の哲学の実践が、人々をそれほど幸福にしてくれるのに役立つのなら、こんなにも不幸な出来事があふれているというのに、どうして人々は、それを続けることを放棄してしまったり、その技が廃れてしまっていたのだろうかという少し意地悪な疑問も浮かぶ。心をコントロールする能力を手に入れることは、本当に幸福な人生に寄与するのだろうか。

実際に、一般成人を対象にした別の調査で、感情や欲望をコントロールする能力と、その人が、どのくらい幸福に感じているかの関係を調べると、ほとんど相関が見られない。(24)自分をコントロールできることは、幸福には、あまり関係ないのである。関係していたのは、自分が肯定的に評価されているかどうかであり、家庭生活の満足度や完全な信頼をもつ存在がいるかどうかであった。つまり、自分に居場所や安全基地が与えられているかどうかが、より決定的な要因となっていたのである。

そして、そこに関連する能力として上位にランクされたのが、相手の気持ちや意図を読み取り、戦略的に行動する能力である社会的知性であり、相手と気持ちを通じ合う能力である共感性であった。

だとすると、社会でうまく適応するだけでなく、幸福な人生を手に入れるために本当に必要なことは、欲望や感情をコントロールすることではなく、社会的知性や共感性を鍛えて、自分が受け入れられ、愛され、安全基地となってくれる存在を獲得する技術を身につけることではないだろうか。それは、言い換えると、安定した愛着関係や信頼関係を築く技を体得するということだと言えるだろう。

心の平安を手に入れる技術を学び、気持ちを整えることも大切だが、もっと必要なのは、

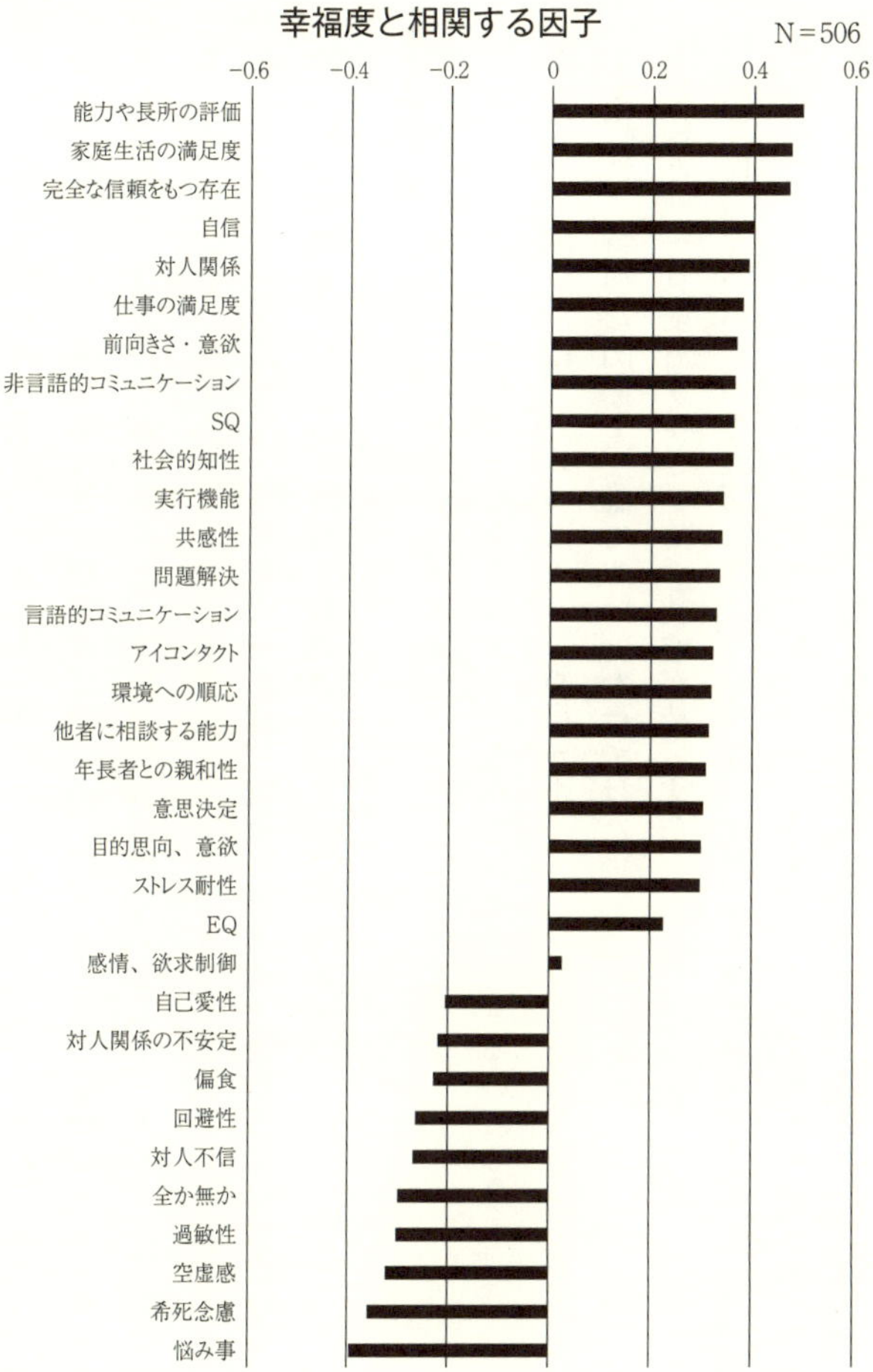
幸福度と相関する因子
N＝506
−0.6
−0.4
−0.2
0
0.2
0.4
0.6
能力や長所の評価
家庭生活の満足度
完全な信頼をもつ存在
自信
対人関係
仕事の満足度
前向きさ・意欲
非言語的コミュニケーション
SQ
社会的知性
実行機能
共感性
問題解決
言語的コミュニケーション
アイコンタクト
環境への順応
他者に相談する能力
年長者との親和性
意思決定
目的思向、意欲
ストレス耐性
EQ
感情、欲求制御
自己愛性
対人関係の不安定
偏食
回避性
対人不信
全か無か
過敏性
空虚感
希死念慮
悩み事

愛され、関心を払われ、受け入れられる存在になるためのスキルを高めることなのである。

おろそかにされがちな演技性の能力は、愛され、関心を惹き、庇護を手に入れるための技なのである。だが、それだけでは、本当の幸福は手に入らない。それが、本当の幸福につながるためには、変わらずにあなたを愛し、支え続けてくれる存在を手に入れる方法を学ぶということが重要になってくる。それは、安定した愛着を育む技を身につけることであり、安全基地を手に入れる方法を修得するということである。

†安全基地を手に入れるには

では、どのようにすれば、安全基地を手に入れることができるのだろうか。

愛着という現象には、いくつか大きな特徴がある。

①選択性　特別な関係で、誰でもいいわけではない

②持続性　一旦愛着すると、その状態が持続する

③相互性　互いが互いを大切にし、互いが互いに喜びを与え合う

この中でも、愛着を安定したものに変えていくうえでのカギを握るのが、相互性である。

愛着が相互的であるということは、何を意味するのだろうか？　自分が振る舞うように、

相手も振る舞うようになるということである。自分の反応が愛着を強くも弱くもするのである。自分が非難や攻撃、拒絶、無視をすれば、相手も同じことをするようになる。力ずくで、それを手に入れることもできないし、演技や策略で、一時的に望みを叶えたとしても、最終的には愛想を尽かされてしまう。

逆に、自分が安全基地になっていると、相手も自然に安全基地となっていく。演技や自己開示といったアピールによって、気を惹くことも大切な手段だが、もっと大切なことは、自分が相手にとっても安全基地になるということである。そのための努力を払わなければならないのだ。

では、どうすれば、安全基地になれるのだろうか。

†安全基地となるためには？

(1) 安全と秩序を守る

まず、大切なのは、相手の安全感を脅かさないことだ。非難や攻撃はもちろんマイナスだが、一方的な押し付けや支配も、関係を壊していく。

安全は、秩序とも関係が深い。予測不能な気分・態度の変化は、相手の安全感を脅かしてしまう。見通しが立ち、いつも変わらないことが大切である。

相手の安全を守る上で、もう一つ大切なことは、相手の独立性を脅かさないことである。過度に求めすぎたり、縛りすぎたり、期待をかけすぎていると、いつしか危険基地になってしまう。

逆に、安全基地の安全や秩序を脅かすことは許さないという姿勢も必要だ。安全基地になるということは、相手の言いなりになったり、一方的な自己犠牲を払ったりすることではない。愛着が不安定な人ほど、安全基地になろうとすると、よいパートナーやよい親として振る舞いすぎ、無理をしてしまいがちだ。それでは、いつか破綻してしまう。何でも許しすぎず、不快に感じたことや困ることは、率直に伝えることも必要なのである。

(2) 相互的応答性

安定した愛着のもっとも重要な特徴とされるのは、この相互的応答性である。一方的な押しつけではなく、対等な関係で、求められたら応えるというスタンスが、基本である。それがうまくいくためには、相手の反応をよく見て、丁寧にやりとりしながら、共有できる部分を増やしていくという姿勢を常に忘れないことだ。

独りよがりに結論を出そうとしたり、急いで決着をつけようとしたりすると、相互性が失われ、相手の思いからズレてしまい、安全基地ではなくなってしまう。

（3）共感性

三番目の条件は、共感性だが、これは、人間ならではのより高度な安全基地の条件だと言える。相手の立場で、相手の気持ちを考えることは、安全基地になれるかどうかを、大きく左右する。相手と同じ気持ちになれなくても、相手の気持ちを理解する努力は、安全基地になるためには必要だと言える。

相手を理解するだけでなく、自分を理解してもらうことも大切だと言える。そのためには、相手にも共感してもらうための努力が求められる。気持ちや事情を伝え、自分の気持ちを理解してもらう能力も、共感性のもう一つの側面だと言える。共感性が高い人は、相手の気持ちを理解することに長けているだけでなく、自分の気持ちを理解してもらうことにも長けているのである。

気持ちをわかってもらえないと嘆くよりも、気持ちや事情を伝える努力を怠っていないか、振り返ってみて、必要な対処を考えてみよう。

†高いメンタライゼーションが心を捉える

つらいことや苦しい気持ちを打ち明け、共感や理解を得るという戦略は、効果的な方法だが、気持ちが食い違っている状態や、心が通じ合っていないときには、それだけではうまくアピールできない場合もある。自分の苦しいことばかり主張してと、冷めた見方をされないとも限らないのだ。そういう場合には、さらに高度な技が必要になってくる。その例を、『赤毛のアン』にみることができる。アンは巧まずしてそれを用いたのである。

男の子をほしがっていたのに、間違えてアンがやってきたとき、兄のマシューの方は、アンに同情し、家においてやりたいと考えるようになるが、もっと現実的な妹のマリラの方は、しゃべりすぎるアンのことを耳障りな存在だと感じ、孤児院に返す気でいた。ところが、その気持ちが揺れ始めたのは、アンから自分の身の上を聞かされたことからだった。アンの両親は二人とも教師だったが、アンがわずか生後三カ月の時に、熱病にかかって相次いで亡くなってしまったのだ。それから、親戚のもとを転々として、子守や家事をする小間使いとしてこき使われながら、どうにか生きてきたのである。

マリラの心は揺れていたが、アンを引き取ろうという気持ちをさらに決定づける、もう一押しがあった。マリラが、アンに、「おまえを引き取ったおばさんたちは、優しくしてくれたのかい」と尋ねたとき、アンは一瞬答えに詰まりながら、こう答えたのだ。「優しくしてもらえないこともあったけど、おばさんたちも、たくさん子どもを抱えて、それどころではなかったのよ」と。マリラには、孤児となって親戚や知人に引き取られた子どもが、どんな目に遭うかは、聞くまでもなくわかっていたことだった。しかし、アンは、自分が受けた仕打ちについて、誰かを責めたり、恨み言を言ったりするのではなく、むしろ彼らを庇《かば》おうとした。

その瞬間、マリラは、どんなことがあっても、この子を守ってやらねばという気持ちに襲われたのだ。

つらい体験を嘆き、悲しみや怒りを表現することも、共感を得られるかもしれない。しかし、もっと相手に感銘を与え、その心を動かすのは、その悲しみやつらさを乗り越え、そのことを許そうとする姿なのである。それができるのは、自分の体験を、自分を越えた視点で振り返る、メンタライゼーションと呼ばれる力を備えることによってである。マリラは、わずか十一歳の女の子が、自らの過酷な体験を、そんなふうに語るのを聞き、心を動かされたのだ。

†不遇な境遇をプラスに変えるもの

不遇な境遇で育った場合も、その境遇やそれを与えた社会を恨み、人間全般を呪詛しながら暗い人生を送る人もいれば、その出来事を受け入れ、許し、人を信じて、前向きに生きていける人もいる。その違いを生み出すのも、このメンタライゼーションだと言われている。優れたメンタライゼーションをもつ人は、不安定な愛着の親に育てられても、自分の子やパートナーに対して安全基地となり、安定した愛着を結ぶことができる。

このように、メンタライゼーションを高め、物事を自分の視点だけでなく、相手の視点やもっと大きな視点から眺め、理解しようとすることが、過酷な体験をした場合にも有効なのである。日々の生活や周囲の人との関係を苦痛に満ちたものから、居心地のいいものに変えていくのにも、そこで鍵を握るのは、自分の視点を離れる技術なのである。

瞑想やマインドフルネスが役立つのは、雑念やとらわれを減らすことによって、このメンタライゼーションを高めるという点においてなのかもしれない。ただ、瞑想やマインドフルネスだけでは、メンタライゼーションを高めるには十分ではない。今まで見えなかったものが見えるようになるためには、ただ瞑想していたのでは、長い時間を要してしまう。

それを短縮しようと思えば、視力回復トレーニングのような、特殊なトレーニングが必要になるのである。ここでは詳しく扱えないが、自分を離れた視点を身に付けるためにどのように訓練するのかに興味のある方は、拙著『愛着アプローチ』（角川選書）を参照いただきたい。

†身近な存在の助けになることにこそ救いが

人は無力な状態で生まれ、親の世話によって安心を得、人を信じる心を育んでいく。それが愛着である。安定した愛着に恵まれた者は幸運だが、誰もがその幸運に与れるわけではない。また、幼い日の幸運も、さまざまな不幸によって脅かされる。誰もが、心のどこかに欠けた部分を抱えて生きているものだ。

人間の一生は、その欠けたパズルのピースを探し出し、一つ一つ埋めていくようなものかもしれない。私自身、人生の半ばを過ぎた今も、まだ欠落が埋められず、迷いや虚しさを感じることもある。ただ、一つ言えることは、その答えをいくら自分自身の中に見つけようとしても、それは見つからないということだ。

私が少しでも抜け落ちたパズルのピースを見つけ出せたとしたら、それは自分のことではなく、助けを必要としている人にかかわることによってだったということだ。人は他者との関係の中に自分を見いだしていく。

所詮、人は自分のためだけには生きられないのだ。自分のためだけに生きられる人がいたら、その人はある意味幸せかもしれないが、多くの人は、そんなふうには造られていない。生きる意味を与えてくれるのは、他者との関係においてであり、その他者がその人にとって安全基地となる存在であれば、それに勝る幸福はないだろう。安全基地に恵まれない人も、自分が誰かの安全基地になる努力をすることはできる。一人の人間にできることは、結局そこに尽きるように思う。

おわりに　人生とは摩訶不思議なもの

すべて良いものも、すべて悪いものも、この世にはない。悪いことと教えられてきたようなことも、それを少なからざる人が行うということ自体、そうすることが生き残りに役立つから、その遺伝子や行動のレパートリーが保存されてきたとも言える。たとえば、嘘をつくことや盗むこと、暴力を振るうといったことさえも、残念ながら、ときには生き延びるのに役立つのである。

真面目な人たちの中には、人一倍努力して、人一倍勉強も頑張ったのに、どうしてこんな冴えない人生を送っているのだろうかと、疑問や憤りを感じていた人もいるのではないだろうか。正しく善良に生きている者が、一向に豊かになれないのに、何の仕事をしているのかわからないような人が、高級車を乗り回し、リッチに暮らしているのを見ると、世の中はおかしいと思うこともあるのではないか。

だが、本書を読み終えた今、そうした疑問の何割かは、氷解したのではないかと思う。ある意味、真面目で善良な人たちは、狼たちにとって都合のいい、扱いやすい羊になるよう育てられ、教育を受けてきたと言えるかもしれない。実際の現実は、少し違う原理で動いている。となれば、その原理を頭に入れて、世過ぎをしていくしかない。正直者がバカを見たり、貧乏くじばかり引かせられないためにも。

人々はますます自己愛的になり、自分のことしか考えなくなっている。本書で取り上げたような生き方は、むしろメジャーな生き方になろうとしているのかもしれない。だが、だからといって、その生き方に徹すれば、幸福になれるというものでもなさそうだ。本書で紹介した多数のデータが示しているように、自分勝手に生きることも、あまりハッピーではないのである。

ずる賢く、自分勝手な人たちから身を守るとともに、幸福な人生を支えてくれる身近な関係を大切にしていくために、本書で学んだことを是非役立ててほしい。

末筆ながら、根気よく原稿を待ち続けてくれた、筑摩書房編集部の羽田雅美氏に、心からの謝意を記したい。

二〇一八年春

岡田尊司

〈注〉

（1）Friedman, H. S. & Martin, L. R., "THE LONGEVITY PROJECT Surprising Discoveries for Health and Long Life from the Landmark Eight-Decade Study." Hudson Street Press, 2011
『真面目な人は長生きする　八十年にわたる寿命研究が解き明かす驚愕の真実』岡田尊司（幻冬舎新書・二〇一四）

（2）『啄木評伝　詩人の夢』理崎啓（日本文学館・二〇〇四）

（3）Front Hum Neurosci. 2014 Jan 10; 7: 907. "Don't stand so close to me: psychopathy and the regulation of interpersonal distance." Vieira, J. B. & Marsh, A. A.

（4）Perry, A., Nichiporuk, N., Knight, R. T., "Where does one stand: a biological account of preferred interpersonal distance." Soc Cogn Affect Neurosci. 2016 Feb; 11（2）: 317–26.

（5）Kay, C., Green, J., Sharma, K., "Disinhibited Attachment Disorder in UK Adopted Children During Middle Childhood: Prevalence, Validity and Possible Developmental Origin." J. Abnorm Child Psychol（2016）44: 1375–1386.

（6）『エビータ』ジョン・バーンズ　牛島信明訳（新潮文庫・一九九六）

（7）同書

（8）同書

（9）『ジャッキーという名の女〈上〉』p 37　C・デビッド・ハイマン　広瀬順弘訳（読売新聞社・一九九〇）

（10）同書

（11）同書

(12) 同書
(13)『評伝アンドレ・マルロオ』村松剛（中公文庫・一九八九）
(14)『ニーチェ伝――ツァラトゥストラの秘密』ヨアヒム・ケーラー　五郎丸仁美訳（青土社・二〇〇九）7「バーゼルの躓き」参照
(15)『マキャベリ的知性と心の理論の進化論――ヒトはなぜ賢くなったか』リチャード・バーン、アンドリュー・ホワイトゥン編　藤田和生、山下博志、友永雅己訳（ナカニシヤ出版・二〇〇四）
(16)『マキャベリ的知性と心の理論の進化論Ⅱ――新たなる展開』リチャード・バーン、アンドリュー・ホワイトゥン編　友永雅己、小田亮、平田聡、藤田和生訳　9章「社会脳の進化」（ナカニシヤ出版・二〇〇四）
(17)『君主論』マキャベリ　河島英昭訳（岩波文庫・一九九八）第18章
(18)『遠き落日』上・下　渡辺淳一（角川書店・一九七九）
(19)『オノ・ヨーコ』ジェリー・ホプキンズ　月村澄枝訳（ダイナミックセラーズ・一九八八）
(20)『ダークサイド・オブ・小泉純一郎』岩崎大輔（洋泉社・二〇〇六）
(21) 同書
(22)『マイ・ドリーム――バラク・オバマ自伝』バラク・オバマ　白倉三紀子、木内裕也訳（ダイヤモンド社・二〇〇七）
(23) 前掲『ダークサイド・オブ・小泉純一郎』
(24)『自分らしさがわかる ＳＱテスト』岡田尊司（ＰＨＰ研究所・二〇〇七）

ちくま新書
1336

対人距離《たいじんきょり》がわからない
――どうしてあの人《ひと》はうまくいくのか？

二〇一八年六月一〇日　第一刷発行

著　者　岡田尊司（おかだ・たかし）

発行者　山野浩一

発行所　株式会社 筑摩書房
東京都台東区蔵前二―五―三　郵便番号一一一―八七五五
振替〇〇一六〇―八―四一二三

装幀者　間村俊一

印刷・製本　株式会社 精興社

乱丁・落丁本の場合は、左記宛にご送付ください。
送料小社負担でお取り替えいたします。
ご注文・お問い合わせも左記へお願いいたします。
〒三三一―八五〇七　さいたま市北区櫛引町二―六〇四
筑摩書房サービスセンター　電話〇四八―六五一―〇〇五三

ISBN978-4-480-07154-5 C0211

ちくま新書

1009
高齢者うつ病
――定年後に潜む落とし穴
米山公啓
60歳を過ぎたあたりから、その年齢特有のうつ病が増加する!? 老化・病気から仕事・配偶者の喪失などの原因に対処し、残りの人生をよりよく生きるための一冊。

1134
大人のＡＤＨＤ
――もっとも身近な発達障害
岩波明
近年「ＡＤＨＤ（注意欠如多動性障害）」と診断される大人が増えている。本書は、症状、診断・治療方法、他の精神疾患との関連などをわかりやすく解説する。

1256
まんが 人体の不思議
茨木保
本当にマンガです！ 知っているようで知らない私たちの「からだ」の仕組みをわかりやすく解説する。病院での専門用語でとまどっても、これを読めば安心できる。

395
「こころ」の本質とは何か
――統合失調症・自閉症・不登校のふしぎ
シリーズ・人間学⑤
滝川一廣
統合失調症、自閉症、不登校――。これら三つの「こころ」の姿に光を当て、「個的」でありながら「共同的」でもある「こころ」の本質に迫る、精神医学の試み。

578
「かわいい」論
四方田犬彦
キティちゃん、ポケモン、セーラームーン――。日本製のキャラクター商品はなぜ世界中で愛されるのか？「かわいい」の構造を美学的に分析する初めての試み。

764
日本人はなぜ「さようなら」と別れるのか
竹内整一
一般に、世界の別れ言葉は「神の身許によくあれかし」、「また会いましょう」、「お元気で」の三つだが、日本人にだけ「さようなら」がある。その精神史を探究する。

893
道徳を問いなおす
――リベラリズムと教育のゆくえ
河野哲也
ひとりで生きることが困難なこの時代、他者と共に生きるための倫理が必要となる。「正義」「善悪」「権利」とは何か？ いま、求められる「道徳」を提言する。

ちくま新書

645
つっこみ力
パオロ・マッツァリーノ
正しい「だけ」の議論は何も生まない。必要なのは、論敵を生かし、権威にもひるまず、みんなを楽しませる笑いである。日本人のためのエンターテイメント議論術。

683
ウェブ炎上
——ネット群集の暴走と可能性
荻上チキ
ブログ等で、ある人物への批判が殺到し、収拾不能になることがある。こうした「炎上」が生じる仕組みを明らかにし、その可能性を探る。ネット時代の教養書である。

708
3年で辞めた若者はどこへ行ったのか
——アウトサイダーの時代
城繁幸
『若者はなぜ3年で辞めるのか?』で昭和的価値観に苦しむ若者を描いた著者が、辞めたアウトサイダー達の「平成的な生き方」を追跡する。

710
友だち地獄
——「空気を読む」世代のサバイバル
土井隆義
周囲から浮かないよう気を遣い、その場の空気を読もうとするケータイ世代。いじめ、ひきこもり、リストカットなどから、若い人たちのキツさと希望のありかを描く。

746
安全。でも、安心できない…
——信頼をめぐる心理学
中谷内一也
凶悪犯罪、自然災害、食品偽装……。現代社会に潜むリスクを「適切に怖がる」にはどうすべきか? 理性と感情のメカニズムをふまえて信頼のマネジメントを提示する。

757
サブリミナル・インパクト
——情動と潜在認知の現代
下條信輔
巷にあふれる過剰な刺激は、私たちの情動を揺さぶり潜在脳に働きかけて、選択や意思決定にまで影を落とす。心の潜在性という沃野から浮かび上がる新たな人間観とは。

772
学歴分断社会
吉川徹
格差問題を生む主たる原因は学歴にある。そして今、日本社会は大卒か非大卒かに分断されてきた。そのメカニズムを解明し、問題点を指摘し、今後を展望する。

784
働き方革命
――あなたが今日から日本を変える方法
駒崎弘樹
仕事に人生を捧げる時代は過ぎ去った。「働き方」の枠組みを変えて少ない時間で大きな成果を出し、家庭や地域社会にも貢献する新しいタイプの日本人像を示す。

787
日本の殺人
河合幹雄
殺人者は、なぜ、どのように犯行におよんだのか。彼らにはどんな刑罰が与えられ、出所後はどう生活しているか……。仔細な検証から見えた人殺したちの実像とは。

800
コミュニティを問いなおす
――つながり・都市・日本社会の未来
広井良典
高度成長を支えた古い共同体が崩れ、個人の社会的孤立が深刻化する日本。人々の「つながり」をいかに築き直すかが最大の課題だ。幸福な生の基盤を根っこから問う。

802
心理学で何がわかるか
村上宣寛
性格と遺伝、自由意志の存在、知能のはかり方……。これらの問題を考えるには科学的方法が必要だ。俗説や疑似科学を退け、本物の心理学を最新の知見で案内する。

896
一億総うつ社会
片田珠美
いまや誰もがうつになり得る時代になった。「心の風邪」が蔓延する背景には過剰な自己愛と、それを許す社会の病理がある。薬に頼らずに治す真の処方箋を提示する。

939
タブーの正体！
――マスコミが「あのこと」に触れない理由
川端幹人
電力会社から人気タレント、皇室タブーまで、マスコミ各社が過剰な自己規制に走ってしまうのはなぜか？『噂の眞相』元副編集長がそのメカニズムに鋭く迫る！

1097
意思決定トレーニング
印南一路
優柔不断とお悩みのあなた！　それは性格のせいではなく、決め方を知らないのが原因です。ダメなルールをやめて、誰もが納得できる論理的な方法を教えます。

ちくま新書

1110
若者はなぜ「決めつける」のか
――壊れゆく社会を生き抜く思考
長山靖生
すぐに決断し、行動することが求められる現在。まともな仕事がなく、「自己責任」と追い詰められ、若者が「決めつけ」に走る理不尽な時代の背景を探る。

1116
入門　犯罪心理学
原田隆之
目覚ましい発展を遂げた犯罪心理学。最新の研究により、防止や抑制に効果を発揮する行動科学となった。「新しい犯罪心理学」を紹介する本邦初の入門書！

1149
心理学の名著30
サトウタツヤ
臨床や実験など様々なイメージを持たれている心理学。それを「認知」「発達」「社会」の側面から整理しなおし、古典から最新研究までを解説したブックガイド。

1159
がちナショナリズム
――「愛国者」たちの不安の正体
香山リカ
2002年、著者は『ぷちナショナリズム症候群』で「愛国ごっこ」に警鐘を鳴らした。あれから13年、安倍内閣、ネトウヨ、安保法改正――日本に何が起きている？

1163
家族幻想
――「ひきこもり」から問う
杉山春
現代の息苦しさを象徴する「ひきこもり」。閉ざされた内奥では何が起きているのか？〈家族の絆〉という神話に巨大な疑問符をつきつける圧倒的なノンフィクション。

1202
脳は、なぜあなたをだますのか
――知覚心理学入門
妹尾武治
オレオレ詐欺、マインドコントロール、マジックにだまされるのは、あなたの脳が、あなたを裏切っているからだ。心理学者が解き明かす、衝撃の脳と心の仕組み。

1216
モテる構造
――男と女の社会学
山田昌弘
女は女らしく、男は男らしく。こんな価値観が生き残っているのはなぜか。三つの「性別規範」が、深く感情に根ざし、男女非対称に機能している社会構造を暴く。

ちくま新書

1226
「母と子」という病
高橋和巳
人間に最も大きな心理的影響を及ぼす存在は「母」であり、誰もが逃れられない。母を三つのタイプに分け、それぞれの子との愛着関係と、そこに潜む病を分析する。

1233
ルポ 児童相談所
——一時保護所から考える子ども支援
慎泰俊
自ら住み込み、100人以上の関係者に取材し「一時保護所」の現状を浮かび上がらせ、課題解決策を探る。若き社会起業家による、社会的養護の未来への提言。

1242
LGBTを読みとく
——クィア・スタディーズ入門
森山至貴
広まりつつあるLGBTという概念。しかし、それだけでは多様な性は取りこぼされ、マイノリティに対する差別もなくならない。正確な知識を得るための教科書。

1303
こころの病に挑んだ知の巨人
——森田正馬・土居健郎・河合隼雄・木村敏・中井久夫
山竹伸二
日本人とは何か。その病をどう癒すのか。独自の精神医療、心理療法の領域を切り開いてきた五人の知の巨人たちを取り上げ、その理論の本質と功績を解説する。

1304
ひとり空間の都市論
南後由和
同調圧力が高い日本の、おひとりさま。だが都市生活では、ひとりこそが正常だったはずだ。つながりやコミュニティへ世論が傾く今、ひとり空間の可能性を問い直す。

1321
「気づく」とはどういうことか
——こころと神経の科学
山鳥重
「なんで気づかなかったの」など、何気なく使われるこの言葉を手掛かりにこころの不思議に迫っていく。注意力が足りない、集中できないとお悩みの方に効く一冊。

1324
サイコパスの真実
原田隆之
人当たりがよくて魅力的。でも、息を吐くようにウソをつく……。そんな「サイコパス」とどう付き合えばいいのか？ 犯罪心理学の知見から冷血の素顔に迫る。